INSTRUCTION

SUR LE SERVICE

QUE LES

RÉGIMENS DE DRAGONS

DEVRONT FAIRE

DANS LES

CAMPS QUI S'ASSEMBLERONT

pendant la présente année 1756.

Du 17 Juin 1756.

A PARIS,

DE L'IMPRIMERIE ROYALE.

M. DCCLVI.

TABLE

Des Titres contenus dans l'Instruction du 17 juin 1756, sur le service que les régimens de Dragons devront faire dans les Camps qui s'assembleront pendant la présente année 1756.

INSTRUCTION

INSTRUCTION

Sur le service que les régimens de Dragons devront faire dans les Camps qui s'assembleront pendant la présente année 1756.

Du 17 Juin 1756.

DU CAMPEMENT.

ARTICLE PREMIER.

LES Meſtres-de-camp des régimens de Dragons qui ont eu ordre de ſe tenir prêts à camper, auront ſoin qu'ils ſoient pourvûs de tout ce qui eſt néceſſaire à cet effet.

II.

IL y aura ſix tentes égales par compagnie ; ſavoir, *Tentes.* une pour le Maréchal-des-logis, & cinq pour les Dragons, à raiſon de huit hommes par chambrée.

III.

CHAQUE tente doit occuper dix-huit pieds de long, ſavoir, neuf en quarré pour le corps de la tente, quatre pieds & demi pour le cul-de-lampe, & autant pour l'entrée.

A

I V.

Chambrées. LES chambrées seront compofées d'anciens & de nouveaux Soldats.

V.

Marmites. CHAQUE chambrée fera pourvûe d'une marmite & d'un barril, ainfi que des fourches, travers & piquets néceffaires pour dreffer la tente.

V I.

Manteaux d'armes. IL y aura un manteau d'armes par compagnie, & un de plus par régiment, pour la garde du camp & des guidons; lefquels manteaux d'armes feront de coutil.

V I I.

LE manteau d'armes de chaque compagnie aura fix pieds de haut, un pied neuf pouces de rondeur dans la partie fupérieure, & dix-neuf pieds de circonférence par le bas, dont deux pour croifer à l'endroit de l'ouverture.

V I I I.

LE manteau d'armes de la garde fera fait en manfarde, de la hauteur de fix pieds; le toit aura deux pieds des deux côtés, fur un pied de pente; & pour tendre le manteau, on formera un chevalet de deux mâts, joints par deux travers, dont l'un fera pofé au haut des mâts, l'autre aura une cheville de fer à chaque bout pour entrer dans les deux mâts, qui font percés à la hauteur de quatre pieds pour les recevoir : les armes de la garde feront appuyées aux deux côtés de ce travers.

I X.

LES tentes & manteaux d'armes feront marqués, en caractère noir, du nom du régiment & du numéro de la compagnie, qui, étant une fois établi pour chacune d'elles, ne fera plus changé, quelque rang qu'elles prennent par la fuite dans le régiment.

X.

Cordeaux & Fiches. IL y aura un cordeau par efcadron, de foixante pas de longueur, pour marquer le front du camp, & un autre de quarante-fix pas pour en marquer la profondeur; ces cordeaux feront divifés par toifes & demi-toifes.

X I.

IL y aura aussi par compagnie deux fiches blanches de sept pieds de haut, ferrées par un bout, & ayant à l'autre une banderole des mêmes couleurs du galon affecté à chaque régiment.

X I I.

LORSQU'UN régiment arrivera dans le lieu le plus à portée de celui où il devra camper, celui qui le commandera donnera avis de son arrivée au Commandant du camp & à l'Intendant.

Avis de l'arrivée.

X I I I.

LE Commandant du régiment fera partir à l'avance, pour aller au campement, un Officier-major avec un Maréchal-des-logis par escadron, un Brigadier & un Dragon par compagnie.

Détachement pour aller marquer le camp.

X I V.

LES Maréchaux-des-logis seront munis des cordeaux, & les Brigadiers des fiches ci-dessus indiqués.

Le Brigadier de garde sera chargé de porter le manteau d'armes de ladite garde, & ceux des compagnies seront portés par un Carabinier de chaque compagnie.

X V.

AUCUN autre que les Officiers, Maréchaux-des-logis, Brigadiers & Dragons commandés pour le campement, n'y marchera avec eux, à moins d'un ordre contraire.

X V I.

SI le Commandant du camp ordonne que les Dragons campent en ligne, ils laisseront entre eux & l'Infanterie l'intervalle d'un escadron, & s'aligneront sur le même front (à moins qu'il n'eût été ordonné de faire un coude) commençant à marquer leur camp quand la droite ou la gauche de l'Infanterie qu'ils couvriront aura marqué le sien.

Marque du camp.

X V I I.

LES camps des escadrons d'un même régiment ou d'une même brigade, seront marqués dans le même ordre qu'ils devront être en bataille.

X V I I I.

ON laiſſera ſix pas d'intervalle entre le camp de chaque régiment.

X I X.

Diſtribution du terrein. LE Major général des Dragons diſtribuera aux Majors des régimens de ce corps le terrein qui lui aura été déſigné, & ceux-ci le diſtribueront à chaque eſcadron.

X X.

Place des tentes des Dragons. LORSQUE le cordeau du front du camp de l'eſcadron aura été tendu, on marquera la place de la ſourche des premières tentes de chaque compagnie, de manière que les tentes des deux compagnies du centre de l'eſcadron qui ſeront adoſſées, occupent onze pas ou trente-trois pieds, y compris la ruelle pour l'écoulement des eaux, & qu'il y ait dix-huit pas ou cinquante-quatre pieds entre les tentes des compagnies qui ſeront face.

X X I.

LE cordeau qui devra marquer la profondeur du camp, ſera placé perpendiculairement à celui du front, ſur l'alignement que la première compagnie devra former, auquel les autres compagnies ſe conformeront.

X X I I.

ON laiſſera neuf pas ou vingt-ſept pieds entre les fourches des tentes de chaque compagnie.

X X I I I.

Des Piquets des chevaux. LES piquets des chevaux ſeront plantés trois pas en avant des fourches des tentes; le premier ſera mis vis-à-vis celle de la tente du Maréchal-des-logis, & on laiſſera un intervalle entre les chevaux de chaque chambrée, pour le paſſage des Dragons.

X X I V.

Des Fourrages. L'ON mettra les fourrages dans l'intervalle des tentes de chaque compagnie; & la dernière chambrée, pour éviter les accidens du feu à cauſe de la proximité des cuiſines, les mettra entre ſa tente & celle de la chambrée précédente.

X X V.

Des Cuiſines & des Forges. LES places des cuiſines ſeront à quinze pas de la dernière

tente

tente des Dragons, & les forges feront placées fur le même alignement.

X X V I.

CELLE des tentes des Vivandiers à dix pas des cuifines. *Place des Vivandiers.*

X X V I I.

LES places des faifceaux d'armes feront marquées à dix *Des Faifceaux.* pas ou cinq toifes en avant du front de bandière, chacun dans l'alignement de la première tente de fa compagnie.

X X V I I I.

LE faifceau des armes de la garde du camp & des *Du Faifceau* guidons, fera placé à dix pas ou cinq toifes en arrière *d'armes de la* du terrein qu'occupera ladite garde. *garde du camp.*

X X I X.

LES chapelles feront placées vis-à-vis le centre du *Des Chapelles.* régiment, près de la garde du camp, & il y fera mis un fentinelle pris de cette garde.

X X X.

LA place des tentes des Lieutenans fera à vingt pas *Des tentes* de celles des Vivandiers, & celle des tentes des Capitaines *des Officiers.* à vingt pas de celles des fubalternes.

X X X I.

A l'égard des tentes des Officiers fupérieurs des régi-mens, elles feront trente pas en arrière de celles des Ca-pitaines; favoir, celle du Meftre-de-camp vers le centre du régiment, celle du Lieutenant-colonel à la gauche de celle du Meftre-de-camp, & celles du Major & des Aides-majors à la gauche, & un peu en arrière de celles du Meftre-de-camp & du Lieutenant-colonel; obfervant que quand le régiment fera campé par fa gauche, les tentes du Lieutenant-colonel & des Officiers-majors devront être fur la droite de celle du Meftre-de-camp.

X X X I I.

LES portes de toutes ces tentes feront tournées du côté du camp; & afin qu'elles foient alignées fur celles des Dragons, ainfi que les cuifines & les forges, l'Officier-major qui fera marquer le camp, aura attention qu'il foit mis des fiches qui indiquent cet alignement.

B

XXXIII

Si l'on se trouve dans l'obligation de refferrer ou d'étendre le camp, on diminuera ou on augmentera les intervalles entre les régimens; on pourra auffi élargir les rues des chevaux, mais on n'augmentera jamais l'intervalle entre les tentes adoffées.

XXXIV.

Le camp étant marqué, les Majors ordonneront aux Maréchaux-des-logis & Brigadiers de campement, d'em-pêcher que les troupes & les équipages ne paffent ailleurs que dans les grands intervalles.

XXXV.

Le Commandant des Dragons fera logé au quartier général, quand même il n'y auroit au camp qu'un feul régiment de ce corps.

XXXVI.

Le Major général des Dragons fera de même logé au quartier général, & le plus à portée qu'il fe pourra du Commandant du corps.

XXXVII.

Aucun des Officiers à qui il eft ordonné de camper, ne pourra, fous quelque prétexte que ce foit, s'établir ni mettre fes chevaux, domeftiques & équipages dans une maifon voifine du camp.

XXXVIII.

Les Majors des régimens feront tenus d'avertir le Major général des Dragons, des Officiers qui ne feront pas campés à leur troupe, ou qui feront contrevenus à l'article ci-deffus, & celui-ci en rendra compte au Com-mandant du camp & à celui des Dragons.

XXXIX.

Qui que ce foit, en aucun cas, ne pourra loger dans les Eglifes ou Chapelles.

XL.

Chaque Major de campement ira au-devant de fon régiment dès qu'il en verra arriver la tête, pour le conduire fur le terrein où il devra camper; & lorfque la colonne des équipages commencera à paroître, un Maréchal-des-logis ira pareillement au-devant pour les conduire à la queue du camp, aux places qui auront été marquées; obfervant de s'informer des chemins par lefquels les troupes & les équipages devront venir au camp, afin qu'ils y arrivent fans embarras.

DE L'ETABLISSEMENT
dans le Camp.

X L I.

LE régiment étant arrivé à la tête de fon camp, s'y mettra en bataille, le fufil haut, faifant face en dehors. *Arrivée au camp.*

X L I I.

UN Officier-major fera aux Dragons les défenfes ordonnées.

X L I I I.

LE piquet fe tiendra trente pas en avant du régiment, *Piquet.* jufqu'à ce que le régiment étant campé & la garde du camp établie, le Commandant des Dragons lui ordonne d'entrer dans le camp.

X L I V.

LE Lieutenant ou le Maréchal-des-logis de chacune des compagnies auxquelles les guidons font attachés, & à leur défaut un Brigadier fe portera en avant du régiment, fuivi du Dragon portant le guidon avec une efcorte de deux Dragons ayant le fufil haut pour le conduire à l'avant-garde du piquet, qui fe fera formée entre le régiment & le piquet, & l'y ayant remis il retournera à fa troupe.

X L V.

LE Major fera fortir des rangs les Carabiniers chargés *Faifceaux.* des manteaux d'armes de leurs compagnies, avec le Brigadier commandé pour la garde du camp, lequel les fera entrer dans le camp, mettre pied à terre, attacher leurs chevaux à leurs piquets, prendre leurs fusils, & venir planter les piquets des faisceaux dans la place ci-dessus prescrite, ayant attention qu'ils soient bien alignés, & que chaque Carabinier attende les Dragons de leur compagnie pour y recevoir leur fusil.

X L V I.

Entrée des troupes dans le camp.

LORSQUE le Commandant des Dragons aura donné l'ordre au Major général de faire entrer les régimens dans son camp, chaque Officier-major, après avoir fait mettre les fusils à la grenadière, fera mettre pied à terre à son régiment par les commandemens prescrits; il fera ensuite demi-tour à droite, & les Dragons de chaque compagnie iront en défilant remettre leurs fusils à leurs faisceaux, & entreront dans le camp.

X L V I I.

LES escadrons observeront de faire ces mouvemens ensemble autant qu'il sera possible, en se réglant sur le régiment chef de brigade.

X L V I I I.

LE régiment étant entré dans son camp, le Major fera battre & monter la garde du camp.

X L I X.

IL fera partir les Dragons qui doivent être d'ordonnance.

L.

IL tirera du piquet les détachemens commandés, les gardes & postes, tant à pied qu'à cheval, & avant de les tirer il en commandera d'avance le remplacement, de façon que le piquet reste toûjours au même nombre & en bataille jusqu'à ce que la garde du camp soit montée.

L I.

Assemblée de la garde du camp.

LE Major assemblera la garde du camp au centre du régiment, & dès qu'elle sera assemblée, l'Officier commandant l'avant-garde du piquet marchera avec les Guidons & les Dragons de leur escorte pour les remettre à l'Officier commandant la garde du camp; après quoi il

retournera

retournera avec son avant-garde à la tête du piquet, &
les Dragons de l'escorte, après avoir mis pied à terre &
déposé leurs fusils aux faisceaux, entreront dans le camp.

L I I.

L'Officier qui commandera la garde du camp, *Place*
sera planter les guidons vis-à-vis le centre du régiment, *des Guidons.*
à deux toises l'un de l'autre & à une égale distance du
front de bandière aux faisceaux.

L I I I.

Il y sera poser un sentinelle, & deux autres à la
droite & à la gauche du régiment.

L I V.

Ces trois sentinelles feront faction la bayonnette au
bout du fusil.

L V.

Outre la consigne particulière qui sera donnée à la
sentinelle du centre, de ne point laisser toucher aux
guidons sans permission, il leur sera consigné de plus,
en général, d'avoir la même attention pour les armes
des faisceaux, & d'avertir si-tôt qu'ils apercevront le
Commandant du camp, ou le Commandant des Dragons,
ou lorsqu'ils découvriront de loin la moindre troupe.

L V I.

Quand l'Officier de la garde du camp aura fait
poser ces trois sentinelles, & celles qu'elle fournira aux
tentes du Commandant du régiment & de l'Officier-
major chargé du détail, elle ira prendre le poste qui lui
sera ci-après indiqué.

L V I I.

Dès que la garde du camp aura pris son poste, le *Entrée du piquet*
piquet entrera dans le camp, à moins qu'il n'en soit autre- *dans le camp.*
ment ordonné.

L V I I I.

Les Mestres-de-camp & Lieutenans-colonels ne
quitteront point la tête du camp, que la garde n'en soit
postée.

L I X.

LES Maréchaux-des-logis feront aligner & tendre les tentes de leurs compagnies, & les Officiers ne mettront point pied à terre qu'elles ne foient tendues.

L X.

Détachemens aux fourrages, & autres diftributions.

PENDANT qu'on tendra les tentes, un Officier-major affemblera promptement à la tête du camp, le nombre de Dragons néceffaire pour aller au fourrage & autres diftributions, avec les Officiers & Maréchaux-des-logis qui devront les conduire.

L X I.

Propreté du camp.

DÈS que les tentes feront tendues, les Officiers & Maréchaux-des-logis des compagnies feront nettoyer la tête du camp.

L X I I.

Feu.

ILS empêcheront de faire du feu ailleurs qu'aux places marquées pour les cuifines & les forges.

L X I I I.

Communications.

LES Officiers-majors feront faire diligemment les communications néceffaires, tant à leur droite qu'à leur gauche, en avant & en arrière, fans avoir aucun égard au temps & à la fatigue; & s'il fe trouvoit dans le régiment un terrein inégal, ils le feront aplanir jufqu'à quarante pas en avant du front du camp.

L X I V.

LE terrein dont chaque régiment fera chargé, s'étendra depuis le front de fa première tente jufqu'à celle de la première compagnie du régiment voifin, l'intervalle de l'un à l'autre devant être cenfé faire partie de celui qui aura été diftribué pour camper.

L X V.

Latrines.

ON fera creufer les latrines vingt pas en avant de la garde du camp; on mettra un appui à la place où elles auront été marquées, & tous les huit jours on en fera de nouvelles & on comblera les anciennes, qu'on marquera avec un jalon.

LXVI.

DANS les régimens où il y aura des bouchers, les *Boucheries.*
Majors leur indiqueront en même temps le terrein où
ils devront se placer dans un assez grand éloignement,
pour qu'ils ne puissent point causer d'infection dans le
camp, & ils les obligeront d'enterrer les entrailles des
bestiaux qu'ils tueront; ils empêcheront qu'il ne s'établisse
dans leur camp des Vivandiers d'un autre régiment.

LXVII.

ON commandera pour les corvées le nombre d'hom- *Corvées.*
mes nécessaire, sans jamais y employer les Dragons de
piquet, & lorsqu'il y aura à la garde du camp des Dragons
arrêtés pour châtiment, on les obligera d'en faire les
travaux.

LXVIII.

DEPUIS le moment où la troupe sera entrée dans le *Attention*
camp jusqu'à celui où elle sera campée dans l'ordre où *des Majors.*
elle doit l'être, les Officiers-majors seront tenus de rester
à cheval à la tête du camp, sans pouvoir se retirer que
tout ce qui est prescrit ci-dessus n'ait été exécuté.

LXIX.

ILS iront ensuite visiter les abreuvoirs à portée du *Abreuvoirs.*
camp pour faire mettre en état ceux qui seront praticables, & les Majors feront rompre ceux qui seroient
dangereux.

LXX.

LES Majors des régimens donneront en arrivant au *État*
camp, & ensuite tous les mois, au Major général des *du régiment.*
Dragons un état de la force du régiment & du nombre
des Officiers présens, auquel ils ajoûteront les noms & les
grades des Officiers qui manqueront, les raisons de leur
absence, & les lieux où ils seront.

LXXI.

ILS rendront compte au même Officier de ce qu'il y *Poudre & Balles.*
aura à leur régiment de poudre, de balles & de pierres à
fusil, pour qu'il leur en procure la quantité nécessaire.

DE LA GARDE DU CAMP.

LXXII.

Sa composition. LA garde du camp sera composée de trente-deux Dragons, non compris un Brigadier & un Tambour, le tout commandé par un Lieutenant.

LXXIII.

Sa place. ELLE sera placée cent trente pas en avant des faisceaux au centre de chaque régiment, ou cent trente pas en arrière des dernières tentes des Dragons si le régiment étoit campé en seconde ligne; on pourra aussi la placer sur les flancs du régiment, suivant les circonstances.

LXXIV.

Temps de la monter. CETTE garde se montera tous les matins lorsqu'on battra l'assemblée, excepté les jours de marche.

LXXV.

LES Dragons de cette garde arrivant à leur poste, se rangeront en haie, & poseront leurs armes à terre chacun devant soi, quand le temps le permettra, & en cas de pluie ils les mettront sous le faisceau d'armes.

Ils n'auront point de tentes, & ne pourront quitter, non plus que l'Officier & le Brigadier, ni pour aller manger, ni sous tel autre prétexte que ce soit.

LXXVI.

Prisonniers. LES prisonniers qui seront remis à cette garde, soit pour crimes ou pour châtiment, seront consignés à l'Officier, au Brigadier & au Sentinelle qui en répondront aux peines portées par les Ordonnances, & les criminels seront liés & attachés à des piquets & gardés à vûe.

LXXVII.

Sentinelles. LES sentinelles de cette garde y feront toûjours faction l'arme au bras & la bayonnette au bout.

LXXVIII

CETTE garde fournira quatre Dragons pour la garde de nuit du Mestre-de-camp qui aura un sentinelle pendant le jour.

LXXIX.

L X X I X.

EN l'abfence du Meftre-de-camp, le Lieutenant-colonel aura jour & nuit à fa tente un fentinelle tiré de cette même garde.

L X X X.

LE Commandant du régiment, par accident, en aura un la nuit feulement.

L X X X I.

LE Major, ou l'Officier chargé du détail du régiment, aura un fentinelle jour & nuit.

L X X X I I.

L'OFFICIER de la garde du camp fera partager les factions des fentinelles, tant de jour que de nuit, de manière qu'elles foient également réparties à toute la garde.

L X X X I I I.

DÈS que ces gardes apercevront une troupe armée, *Paſſage* elle prendront les armes & fe mettront en haie, faifant *des troupes.* face au dehors du camp, jufqu'à ce que cette troupe foit paſſée & éloignée de leur pofte.

Si cette troupe marche tambour battant ou trompette fonnante, le Tambour de la garde battra aux champs.

L X X X I V.

LE Lieutenant de la garde du camp enverra le Briga- *Brigadiers* dier de fa garde tous les foirs à l'ordre. *à l'ordre.*

L X X X V.

LE Tambour de la garde du camp battra la diane au *Diane.* point du jour.

L X X X V I.

QUAND on voudra difperfer les guidons à la tête des *Difperfer* régimens, le Brigadier de la garde du camp, efcorté de *les guidons.* deux Dragons la bayonnette au bout du fufil, ira prendre chaque guidon l'un après l'autre, & le fera porter par un troifième Dragon & planter à la tête de chaque efca- dron, en commençant par celui de la droite; obfer- vant de mettre un fentinelle à chaque guidon, la bayon- nette au bout du fufil.

D

LXXXXVII.

LES jours de marche, l'ancienne garde du camp marchera immédiatement après le piquet.

LXXXVIII.

S'IL y a des prisonniers, l'Officier les fera mettre au centre.

LXXXIX.

LES criminels seront gardés par des Dragons qui marcheront à côté d'eux ayant le sabre à la main, & ayant attaché à l'arçon de devant de la selle de leurs chevaux, le bout de la corde avec laquelle ils seront liés, le Brigadier marchera derrière eux armé de même

XC.

CETTE garde sera relevée à l'arrivée de la troupe au nouveau camp, & la nouvelle garde ne sera pas moins relevée le lendemain à l'heure accoûtumée, si la troupe ne doit pas marcher.

XCI.

LORSQU'ON battra le second on renverra successivement une moitié des Dragons de cette garde pour aller seller & charger leurs chevaux, & lorsqu'on battra à cheval l'Officier qui commandera l'avant-garde du piquet, fera prendre les guidons, & les distribuera chacun à leur compagnie quand le régiment sera en bataille.

XCII.

LES guidons ayant été ainsi remis, les Dragons de cette garde rentreront chacun dans leur compagnie, pourvû qu'il n'y ait pas de prisonniers, parce qu'en ce cas ils devront les conduire comme il a été dit ci-dessus.

XCIII.

Poste de nuit.

LA garde du camp se retirera pendant la nuit au centre du régiment en avant des guidons, menant avec elle les prisonniers qui lui auront été consignés.

XCIV.

Visites de nuit.

SI le Commandant du camp, le Commandant des Dragons, le Mestre-de-camp ou le Lieutenant-colonel de piquet du corps des Dragons ou le Major général des

Dragons, viennent à passer le long de la ligne pendant la nuit, le sentinelle en faction à la droite ou à la gauche du régiment, après qu'on lui aura répondu au *qui vive*, criera *halte-là*, & avertira l'Officier commandant la garde du camp & des guidons, lequel fera prendre les armes à sa garde & détachera le Brigadier de ladite garde, ayant la bayonnette au bout du fusil, escorté de deux Dragons, le fusil présenté; alors il dira, *avance qui a l'ordre*, & ayant reçû le mot de l'Officier qui fait la visite il retournera en rendre compte à l'Officier de garde; cependant les deux Dragons demeureront les armes présentées vis-à-vis l'Officier supérieur, qui s'arrêtera jusqu'à ce que l'Officier de garde ait ordonné de le laisser avancer, & ledit Officier, escorté de quatre Dragons présentant leurs armes, marchera au-devant de l'Officier supérieur auquel il rendra le mot.

X C V.

Si le Capitaine de piquet se trouvoit à la tête du camp lors de cette visite, ce seroit lui qui enverroit reconnoître l'Officier supérieur & qui lui rendroit le mot.

D U P I Q U E T.

X C V I.

LE piquet de chaque régiment consistera en une troupe de quarante-huit Dragons, y compris deux Brigadiers, & non compris un Tambour & un Maréchal, & sera commandé par un Capitaine, un Lieutenant & un Maréchal-des-logis, cette troupe sera composée, comme les chambrées, d'anciens & de nouveaux Dragons. *Sa composition.*

X C V I I.

LE piquet sera relevé tous les jours aux gardes montantes. *Sa durée.*

X C V I I I.

IL s'assemblera à la tête de son régiment, où le Major, ainsi que le nouveau Capitaine, feront l'inspection des hommes, des armes & des chevaux. *Inspection du piquet.*

XCIX.

Piquet à la tête du camp.

CETTE inspection étant faite, les piquets monteront à cheval & resteront en bataille, chacun à la tête du camp de son régiment, jusqu'à ce que les gardes ordinaires & postes soient partis du rendez-vous, où on les assemblera pour aller relever les anciennes gardes, & alors on fera rentrer les piquets dans le camp.

C.

Jours de fourrage.

LES jours de fourrage, le piquet restera à cheval à la tête du camp de son régiment, d'où il enverra des vedettes à la queue & au flanc du camp, afin d'empêcher les Dragons & Valets d'en sortir que leur rendez-vous ne soit donné, & que les fourrageurs n'ayent reçû l'ordre de partir avec les escortes commandées, & le piquet ne rentrera dans le camp que lorsque tous les fourrageurs y seront revenus.

C I.

Sentinelles.

LES Dragons de chaque piquet fourniront les sentinelles qu'il sera ordonné de placer pendant la nuit à chaque intervalle des rues des chevaux & sur les flancs du camp, & si le piquet devoit marcher, ils seront relevés sur le champ par les Dragons du nouveau piquet.

C I I.

Demeure des Officiers dans le camp.

LES Officiers, Maréchaux-des-logis & Dragons de piquet ne quitteront point le camp de leur régiment, afin d'être toûjours prêts à marcher quand on en aura besoin, ils resteront en bottines jour & nuit, ils ne se deshabilleront point, leurs chevaux seront toûjours sellés, & ils auront la bride à portée d'eux.

C I I I.

Un Officier de piquet à la garde des guidons.

LES Officiers & le Maréchal-des-logis de chaque piquet s'arrangeront ensemble, de façon qu'un d'eux soit continuellement jour & nuit à la tête du camp, ils auront leurs chevaux prêts pour faire monter le piquet à cheval en cas de besoin, & ils visiteront de temps en temps le piquet, tant de jour que de nuit, pour voir s'il sera en état.

C I V.

Jours de marche.

LES jours de décampement le piquet montera à cheval
à la

à la générale, & mettra des vedettes à la queue & aux flancs du camp, pour que personne ni aucuns équipages n'en sortent, jusqu'à ce que l'ordre du départ étant donné, il retirera les vedettes & prendra la tête du régiment.

C V.

IL sera nommé chaque jour, à l'ordre, des Officiers supérieurs de piquet du corps des Dragons, suivant le nombre & le grade de ceux qui se trouveront au camp.

Officiers supérieurs de piquet.

C V I.

LES Officiers supérieurs entrans de piquet, resteront à cheval à la tête des piquets, pendant tout le temps qu'ils seront à la tête du camp.

C V I I.

PENDANT que les piquets seront à la tête du camp, le Major général des Dragons les visitera, & s'il trouve qu'il y manque quelque Officier ou Dragon, ou qu'il y en ait quelqu'un de négligé, il en rendra compte au Commandant des Dragons.

Visite du Major général des Dragons.

C V I I I.

LES Officiers supérieurs du corps des Dragons sortans de piquet, se trouveront aux gardes montantes, ainsi que le Mestre-de-camp entrant de piquet; & ils iront ensuite rendre compte au Commandant des Dragons ou recevoir ses ordres.

C I X.

CES Officiers supérieurs de piquet seront relevés tous les jours après que les gardes seront montées.

C X.

LES piquets sortiront à la tête du camp, pendant le jour, quand ils seront demandés par le Commandant du camp, celui des Dragons, le Mestre-de-camp & le Lieutenant-colonel de piquet de leur corps & par le Major général des Dragons.

Piquets demandés.

C X I.

QUAND on appellera le piquet à la tête du camp pendant le jour, les Dragons sortiront en bottines avec leurs gibernes & leurs sabres, mais sans fusil, ils se mettront

E

en haye fur le même alignement entre les faifceaux d'armes.

C X I I.

LES Officiers fe trouveront à pied difperfés en avant des Dragons de piquet, de manière qu'il y en ait à chaque efcadron.

C X I I I.

Vifae du piquet pendant la nuit. L'OFFICIER de piquet reftera au feu de la garde du camp pendant la nuit, rendra compte à ceux qui ont autorité fur le piquet, & s'ils veulent le vifiter, il les mènera dans les rues des compagnies.

C X I V.

SI les piquets font la nuit hors du camp lorfque les Officiers qui ont droit de les vifiter arriveront à la ligne, la vedette criera d'environ quinze pas, *qui vive;* il fera répondu *France*, & elle demandera quel régiment, quand l'Officier aura indiqué fon grade, la vedette l'arrêtera en criant *halte là*, alors un Brigadier & deux Dragons de piquet s'avanceront jufqu'à la vedette, le Brigadier le fabre à la main, & les Dragons le fufil haut, le Brigadier criera *avance qui a l'ordre*, afin de recevoir le mot de l'Officier fupérieur; ayant reçû le mot & reconnu celui qui le lui aura donné, il retournera au grand trot en rendre compte au Capitaine de piquet dont la troupe fera à cheval le fufil haut; le Capitaine s'avancera enfuite à fix pas de la vedette, efcorté de deux Dragons le fufil haut, & dira *avance à l'ordre*, l'Officier fupérieur s'avancera & recevra le mot du Capitaine, qui lui fera voir enfuite fon piquet dont les Officiers feront chacun à leur place.

C X V.

LES Officiers fupérieurs de Dragons, étant de piquet, feront une ronde pendant la nuit : ils vifiteront les piquets des Dragons pendant la nuit quand ils feront hors du camp, pour s'affurer que les Officiers font préfens, & les Dragons en état.

C X V I.

ON commandera auffi un Officier-major de piquet, dont les fonctions feront de faire une ronde pendant la nuit, à l'heure qui lui paroîtra la plus convenable, efcorté d'un Brigadier & de deux Dragons de piquet ayant leur fufil, de vifiter les gardes du camp, pour voir fi les Officiers & Dragons font leur devoir; de faire une fois le jour la vifite des piquets, pour voir s'il y aura un Officier de piquet de chaque régiment à la tête du camp, & fi les fentinelles feront alertes.

Officier-major de piquet.

C X V I I.

D'EXAMINER fi le feu des cuifines fera éteint, fi l'on ne donnera point à boire chez les vivandiers, & s'il ne fe paffera aucun defordre.

C X V I I I.

IL rendra compte chaque jour aux Officiers fupérieurs de piquet de fon corps, de ce qui fe fera paffé à fa ronde; & il informera le Major général de ce qu'il aura remarqué de défectueux pour qu'il en inftruife le Commandant des Dragons.

C X I X.

DÈS que la retraite aura été battue, les Officiers de piquet feront replier les guidons par un Brigadier de leur piquet.

Replier les guidons.

C X X.

ILS auront foin que le Maréchal-des-logis de piquet affifte à la vifite que les Maréchaux-des-logis de chaque compagnie devront faire des faifceaux d'armes defdites compagnies, & qu'il les faffe configner de nouveau aux fentinelles, par le Brigadier de la garde du camp, laquelle fera toûjours fubordonnée au Capitaine de piquet.

Vifite des Faifceaux.

C X X I.

ILS auront pareillement foin qu'une heure après la retraite battue, le Maréchal-des-logis de piquet, faffe rentrer les Dragons dans leurs tentes, qu'il faffe fortir ceux qui feroient chez les vivandiers, arrêter les filles de mauvaife vie & autres gens fufpects, pour être conduits

Vifite du camp.

au Prevôt, & mettre à la garde du camp les Dragons qui se seroient trouvés avec eux, & qu'il fasse éteindre les feux qui seroient allumés.

C X X I I.

UN des Brigadiers de piquet fera la même visite à minuit, & une autre pareille une heure avant le jour.

C X X I I I.

LES Officiers de chaque piquet veilleront aussi à ce qu'il ne reste point d'immondices à la tête & à la queue de leur camp; pour cet effet ils feront enterrer ces immondices par des Dragons de leur piquet; ils leur feront aussi transporter au loin les chevaux morts, ayant soin qu'ils les enterrent à quatre pieds de profondeur au moins.

D E S   B R I G A D E S.

C X X I V.

LES régimens seront mis en brigade à leur arrivée au camp.

C X X V.

Arrangement des régimens & escadrons. LE régiment chef de brigade en prendra la droite, soit pour se mettre en bataille, pour marcher ou pour camper, & le second se placera à sa gauche; le régiment de la droite se formera par sa droite, & celui de la gauche par sa gauche, soit qu'ils campent en ligne ou en potence pour couvrir une droite ou une gauche d'Infanterie.

C X X V I.

LES escadrons du même régiment observeront entre eux le même ordre que doivent tenir les régimens dans la formation de la brigade.

C X X V I I.

Major général. LE Major de Dragons le plus ancien en commission de Capitaine, fera les fonctions de Major général de ce corps.

C X X V I I I.

S'IL n'y avoit dans la brigade aucun Major en état de

faire

faire le fervice, il y feroit fuppléé par l'Aide-major le plus ancien en commiffion de Capitaine.

DE L'ORDRE.

C X X I X.

LE Major général des Dragons prendra l'ordre du Commandant du camp.

C X X X.

IL portera l'ordre & le mot au Commandant des Dragons, & recevra fes ordres fur ce qui regarde le détail & la police de fon corps. *Ordre porté au Commandant des Dragons.*

C X X X I.

LES Majors, & à leur défaut, les Aide-majors des régimens iront à l'ordre chez le Major général des Dragons, qui le leur dictera, avec le détail concernant le fervice de leur régiment, & ce que le Commandant des Dragons aura jugé à propos d'y ajoûter. *Diftribué aux Majors des régimens.*

C X X X I I.

LES Majors des régimens ayant pris l'ordre du Major général, iront porter le mot à leur Meftre-de-camp lorfqu'il fera au camp, lui feront la lecture de l'ordre, & recevront ceux qu'il aura à donner, après quoi ils iront donner l'ordre à leur régiment. *Porté au Meftre-de-camp.*

C X X X I I I.

EN l'abfence du Meftre-de-camp le Major donnera le mot au Lieutenant-colonel, à qui il fera porté par l'Aide-major quand le Meftre-de-camp fera préfent; & lorfque le Meftre-de-camp & le Lieutenant-colonel ne feront point au régiment, le Major portera l'ordre également à l'Officier qui le commandera à leur défaut. *Au Lieutenant-colonel.*

C X X X I V.

AUCUN Officier-major n'enverra l'ordre d'un régiment à l'autre, autrement que par écrit, & par un Officier ou un Maréchal-des-logis. *Envoi de l'ordre.*

C X X X V.

LORSQUE le Major d'un régiment voudra donner *Cerde.*

l'ordre, le Tambour de piquet fera trois roulemens pour y appeler, fans jamais crier *à l'ordre.*

C X X X V I.

ALORS les Aide-majors, les Maréchaux-des-logis, en leur abfence les Brigadiers, & en outre un Brigadier, ou en fon abfence un Carabinier de chaque compagnie du régiment, s'affembleront au centre du régiment, vingt pas en avant des faifceaux.

C X X X V I I.

LES Maréchaux-des-logis, fans armes, formeront le cercle en fe rangeant fuivant l'ancienneté de leur compagnie.

C X X X V I I I.

LES Brigadiers ou Carabiniers en feront un fecond derrière les Maréchaux-des-logis, tenant le fufil préfenté en dehors, la bayonnette au bout, en empêchant que perfonne n'approche.

C X X X I X.

LE Tambour - major fe mettra entre les Maréchaux-des-logis & les Brigadiers.

C X L.

LE Major, & en fon abfence l'Aide-major, expliquera l'ordre aux Maréchaux-des-logis, & ce qu'ils auront à exécuter.

C X L I.

IL nommera les Officiers commandés pour monter les gardes, tant à pied qu'à cheval; il commandera toûjours les gardes à pied les premières, enfuite les détachemens & le piquet qui fera toûjours commandé le dernier.

C X L I I.

IL ôtera enfuite fon chapeau, ainfi que les Officiers & Maréchaux-des-logis, & donnera le mot aux Officiers, & puis au premier Maréchal-des-logis du cercle, qui s'avancera pour le recevoir, & étant retourné à fa place le donnera au fecond, celui-ci au troifième, & ainfi de fuite.

C X L I I I.

LES Maréchaux-des-logis resteront chapeau bas jusqu'à ce que le dernier Maréchal-des-logis ait rendu le mot au Major.

C X L I V.

IL sera permis d'entrer dans le cercle au Mestre-de-camp, au Lieutenant-colonel ou autre Officier commandant le régiment & aux Officiers-majors.

C X L V.

LE Maréchal-des-logis, le Brigadier de piquet & le Brigadier de la garde du camp se trouveront aussi au cercle pour prendre l'ordre & le mot, & le porter à l'Officier de ladite garde & aux Officiers de piquet.

C X L V I.

LE Major général des Dragons donnera l'ordre cacheté à un Dragon de chaque garde ordinaire & poste de ce corps, que le Commandant de ladite garde ou poste aura eu soin à son arrivée de renvoyer au camp du régiment, pour lui apporter les ordres qu'on aura à lui donner.

Ordre cacheté.

C X L V I I.

CHAQUE Maréchal-des-logis portera l'ordre aux Officiers de sa compagnie; & lorsqu'il fera cette fonction, il aura le chapeau bas, ainsi que l'Officier, dans l'instant où le Maréchal-des-logis lui donnera le mot à l'oreille.

Ordre rendu aux Officiers des compagnies.

C X L V I I I.

LE Maréchal-des-logis ira ensuite dans chaque tente de la compagnie expliquer aux Dragons les défenses & ce qui aura été ordonné, & avertir ceux qui devront être de service.

DE LA RETRAITE
& autres règles du Camp.

C X L I X.

LES Tambours des régimens de Dragons battront la retraite, quand ceux de l'Infanterie qu'ils couvriront, auront commencé à la battre.

C L.

LES Tambours, tant pour la retraite que pour tout ce qu'ils auront à battre, iront & reviendront le long du front du régiment, en commençant par sa droite, ou par sa gauche si le régiment étoit campé à colonne renversée.

C L I.

Manteaux d'armes sur les faisceaux.

IMMÉDIATEMENT après la retraite, le Maréchal-des-logis, ou un Brigadier de chaque compagnie, fera mettre les manteaux d'armes sur les faisceaux, s'ils en ont été ôtés pendant le jour.

C L I I.

IL en visitera en même temps les armes en présence du Brigadier de la garde du camp; & s'il en manque, après avoir vérifié à qui elles appartiendront, il fera arrêter les Dragons qui les auront prises & les sentinelles à qui elles étoient consignées.

C L I I I.

Replier les guidons.

LE Brigadier de la garde du camp, escorté de deux Dragons armés avec leur fusil la bayonnette au bout, ira prendre les guidons, s'ils ont été dispersés pendant le jour à la tête de chaque escadron, & il les rassemblera au centre du régiment où la garde du camp se retirera après la retraite battue.

C L I V.

Éteindre les feux.

ON éteindra les feux des cuisines après la retraite, les Vivandiers cesseront de donner à boire, & les Dragons seront rentrés dans leur tente une heure après au plus tard.

C L V.

Appels.

LES Maréchaux-des-logis, & en leur absence les Brigadiers feront régulièrement des appels des Dragons de leur compagnie, une heure après la retraite & au point du jour, & plus souvent s'il est nécessaire.

C L V I.

ILS feront ensuite leurs billets d'appels, sur lesquels ils marqueront s'il manque quelqu'un ou non, & le nombre des Dragons qui seront morts au camp ou qui auront été

envoyés

envoyés à l'hôpital d'un appel à l'autre; ils dateront & signeront ces billets, & ils les porteront au Maréchal-des-logis de piquet, qui sera chargé de ramasser ceux du régiment & de les remettre au Major dudit régiment, & ils en rendront compte au Commandant & à leurs Capitaines.

C L V I I.

LES appels se feront tente par tente en appelant les Dragons par leurs noms, & les obligeant de répondre chacun pour soi.

C L V I I I.

LES Maréchaux-des-logis ou Brigadiers qui y manqueront par négligence, ou qui ne marqueront pas sur leurs billets les Dragons qui ne se feront pas trouvés à leur appel, seront punis sévèrement.

C L I X.

LES Lieutenans des compagnies en feront l'appel après la retraite, indépendamment de celui des Maréchaux-des-logis, & ils marqueront les Dragons qui auront manqué, sur des billets qu'ils signeront & qu'ils remettront au Commandant du régiment; ils en informeront ensuite le Capitaine.

C L X.

LES Majors des régimens formeront sur les billets d'appel des Maréchaux-des-logis ou Brigadiers, des billets datés & signés d'eux, qu'ils enverront tous les matins au Major général.

C L X I.

ILS marqueront sur ces billets les noms des Dragons qui auront manqué à l'appel avec ceux de leur compagnie & l'heure à laquelle on se sera aperçu de leur absence.

Quand il n'auroit manqué personne, ils n'en feront pas moins mention sur leurs billets.

Ils y marqueront aussi le nombre des Dragons entrés à l'hôpital ou morts au camp.

C L X I I.

LE Major général des Dragons formera du tout un état

G

général qu'il remettra au Commandant du camp & à celui des Dragons à l'heure de l'ordre.

CLXIII.

Visite des Lieutenans. LES Lieutenans des compagnies feront tous les matins la visite des tentes, afin de voir si les Dragons sont propres, si leur équipage & leurs armes sont en bon état & s'ils feront ordinaire.

CLXIV.

ILS verront leurs compagnies lorsqu'on pansera les chevaux, lorsqu'on leur donnera l'avoine & quand on les mènera à l'abreuvoir, & ils auront attention qu'en les y menant il y ait à la tête un Maréchal-des-logis ou un Brigadier & un Carabinier.

CLXV.

LES Lieutenans des compagnies feront aussi tous les jours la visite des armes, ils y ordonneront les réparations nécessaires & tiendront la main à ce qu'elles soient faites.

Ils veilleront de même, ainsi que le Major du régiment lorsque la distribution de la poudre, des balles & des pierres à fusil aura été faite, à ce que les Dragons ayent toûjours leur giberne garnie, & qu'ils ayent chacun deux pierres de rechange, avec les autres petits ustensiles nécessaires pour l'entretien & la propreté des armes, & à mesure que ces munitions seront consommées, les Majors des régimens en informeront le Major général des Dragons, afin qu'il les fasse remplacer, & ils rendront compte de tout au Commandant dudit régiment.

CLXVI.

Munitions. LORSQUE l'on fera tirer les Dragons dans les exercices, ils n'y employeront point les munitions qui seront dans leurs cartouches, mais seulement la poudre qui leur sera donnée à cet effet.

CLXVII.

LES Maréchaux-des-logis auront attention à retirer la poudre & les balles des Dragons de leur compagnie qui seront envoyés aux hôpitaux, & de les donner à ceux qui en manqueront.

DE L'ORDRE A OBSERVER
pour commander les gardes & détachemens.

CLXVIII.

LES détachemens pour toute sorte de service, seront commandés par régiment, chacun devant fournir à son tour, en commençant par le premier à proportion du nombre d'escadrons dont ils sont composés. *Détachemens par régiment.*

CLXIX.

LE Major général des Dragons tiendra un contrôle des régimens suivant leur rang, sur lequel seront marqués tous les détachemens commandés. *Contrôle du Major général des Dragons.*

Il tiendra pareillement des contrôles des Mestres-de-camp & des Lieutenans-colonels.

CLXX.

LES Mestres-de-camp & Lieutenans-colonels, soit en pied, réformés ou par commission, seront commandés par rang d'ancienneté.

CLXXI.

LES Mestres-de-camp & Lieutenans-colonels par commission, qui auront d'autres emplois dans les régimens de Dragons, y feront un double service, mais ils feront toûjours celui de leurs emplois par préference à celui de Mestre-de-camp & de Lieutenant-colonel, à l'exception des Majors qui, lorsqu'ils auront la commission de Mestre-de-camp ou de Lieutenant-colonel, ne feront de service en cette qualité qu'une fois en entrant & en sortant de campagne.

CLXXII.

CHAQUE Major de régiment tiendra un contrôle dudit régiment, compagnie par compagnie, sur lequel il marquera le nombre d'Officiers, de Maréchaux-des-logis, de Brigadiers & de Dragons qui seront commandés. *Contrôle des Majors des régimens.*

CLXXIII.

CES contrôles commenceront du jour de l'arrivée au camp & seront continués jusqu'à celui de sa séparation.

C L X X I V.

ON suivra exactement le rang des Capitaines, & on fera marcher les Lieutenans suivant celui des compagnies auxquelles ils sont attachés, ce qui n'empêchera pas que ceux du même régiment ne commandent entr'eux suivant leur ancienneté.

C L X X V.

LES Maréchaux-des-logis, Brigadiers & Dragons seront pareillement commandés par rang des compagnies.

C L X X V I.

Un seul tour de garde. IL n'y aura qu'un tour de garde pour tout service qui se fera à pied ou à cheval avec des Dragons armés, & toutes les gardes & détachemens qui seront commandés après les gardes montées, seront tirés du piquet & remplacés sur le champ.

C L X X V I I.

Service censé fait. SI l'on fait marcher le piquet il sera remplacé aussitôt qu'il aura passé les gardes ordinaires, & dès-lors son service sera censé fait.

C L X X V I I I.

TOUTE garde & détachement qui aura passé les gardes ordinaires sera aussi censé avoir fait son service.

C L X X I X.

Corvée. TOUT détachement dont les Dragons ne seront point armés sera réputé corvée, & comme tel commandé par la queue.

C L X X X.

LA petite escorte des fourrageurs quoiqu'armée sera néanmoins réputée corvée.

C L X X X I.

Tour passé. TOUT Officier qui ne se trouvera pas au camp quand il sera commandé pour un service armé, ou qui ne pourra faire ce service pour quelque cause que ce soit, sera remplacé par celui qui le suivra, & son tour sera passé.

C L X X X I I.

A l'égard des corvées le tour n'en passera jamais, & l'Officier qui auroit été malade, absent, ou de service

ailleurs,

ailleurs, devroit toûjours le reprendre après sa guérison ou son retour au camp.

C L X X X I I I.

Le commandant d'un régiment par accident sera com- *Commandant par accident.*
mandé à son tour pour tout service armé.

C L X X X I V.

Le Major général des Dragons ne marchera qu'avec *Officiers majors.*
son corps entier.

C L X X X V.

Le Major d'un régiment marchera avec son Mestre-de-camp, à moins qu'il ne soit Major général, auquel cas un Aide-major accompagnera le Mestre de camp à la place du Major.

C L X X X V I.

L'Aide-major marchera avec le Lieutenant-colonel en pied de son régiment, à moins que le Major du régiment ne fût Major général, auquel cas il sera commandé un Lieutenant pour marcher avec le Lieutenant-colonel.

C L X X X V I I.

Lorsqu'un Mestre-de-camp ou un Lieutenant-colonel réformé ou par commission, sera détaché dans ce grade, il sera commandé un Lieutenant du corps auquel il sera attaché pour marcher avec lui.

C L X X X V I I I.

Toute troupe commandée pour une garde ou pour *Composition des gardes & détachemens.*
un détachement, sera composée;

S A V O I R,

Celle de Capitaine, d'un Lieutenant, d'un Maréchal-des-logis & de cinquante Dragons, compris deux Brigadiers, deux Carabiniers, un Tambour & un Maréchal.

Celle de Lieutenant, d'un Maréchal-des-logis & trente-six Dragons, compris deux Brigadiers, un Carabinier & un Tambour.

Et celle d'un Maréchal-des-logis, de douze Dragons, compris un Brigadier.

H

CLXXXIX.

LE Commandant du camp pourra cependant, dans certains cas, faire doubler, s'il le juge à propos, les Lieutenans dans une même troupe commandée par un Capitaine.

CXC.

CHAQUE troupe sera composée d'Officiers & de Dragons tirés du même régiment.

DE LA GARDE ORDINAIRE.

CXCI.

Leur assemblée. LE Commandant du camp ordonnera l'heure à laquelle les Tambours des Dragons devront battre l'assemblée tous les matins, soit que les gardes s'assemblent ou non.

CXCII.

UNE demi-heure avant qu'on batte l'assemblée, les Majors des régimens assembleront à la tête de leur camp toutes les gardes & détachemens que ces régimens devront fournir: ils en feront l'inspection, observant de s'assurer que les Dragons soient pourvûs du pain, de l'avoine, & des munitions de guerre & outils qu'ils devront avoir, selon le service auquel ils seront destinés.

CXCIII.

APRÈS que les Majors auront visité les Dragons & les chevaux des gardes & détachemens de leur régiment, ils les conduiront ou feront conduire par un Officier-major à la tête du régiment chef de brigade, assez à temps pour que le Major général puisse en faire l'inspection avant que l'on batte l'assemblée.

CXCIV.

LES Officiers commandés joindront à la tête de leurs régimens les détachemens avec lesquels ils devront marcher; ils assisteront à la visite que le Major en fera, & compteront les hommes pour être sûrs qu'il y ait le nombre ordonné.

C X C V,

LE Major général fera l'inspection desdites gardes & détachemens en présence des Officiers-majors de chaque régiment; il les conduira ensuite au rendez-vous général des gardes des Dragons au moment que l'on battra l'assemblée, & les y remettra en bataille selon le rang des régimens dont elles seront tirées.

C X C V I.

IL fera défiler les gardes quand il en aura reçû l'ordre du Commandant du camp ou de celui des Dragons, & en leur absence d'un Officier supérieur de piquet de son corps; & pour cet effet il se mettra à la droite des gardes; & lorsqu'il aura dit à l'Officier commandant la troupe, qu'il peut marcher, celui-ci en donnera l'ordre à sa troupe, en disant, *prenez-garde à vous, marche.*

Départ des gardes.

C X C V I I.

LE Dragon de chaque garde ordinaire qui aura été envoyé au camp, se trouvera à l'assemblée des nouvelles gardes, pour conduire à son poste celle qui devra la relever; ce Dragon se mettra en face de la garde qu'il aura à conduire à la distance qui lui sera prescrite, & prendra la tête de cette garde quand elle défilera.

C X C V I I I.

LES gardes des Dragons salueront, en défilant, le Commandant du camp & celui des Dragons; mais s'ils se trouvent ensemble, elles ne salueront que l'Officier supérieur.

Salut en défilant.

C X C I X.

LES gardes défileront le fusil haut & Tambour battant, les Officiers qui les commanderont pourront faire remettre les fusils, quand elles seront hors de l'alignement des gardes du camp, mais ils devront les faire remettre de nouveau lorsque les gardes arriveront à la vûe d'une vieille garde.

C C.

SI une garde rencontre, chemin faisant, une troupe armée ou un Officier général à qui les honneurs soient dûs, le Commandant de cette garde fera battre sans s'arrêter.

C C I.

Avant-garde. LES Officiers détachés avec les gardes ordinaires obferveront, au fortir du camp, d'avoir une avant-garde commandée par un Officier, lequel fera porter le fufil haut, & marchera à une diftance convenable de la troupe dont il aura été détaché.

C C I I.

Arrivée au pofte. QUAND la nouvelle garde arrivera à fon pofte, fon avant-garde rentrera dans les rangs, & la troupe aura le fufil haut ainfi que l'ancienne garde qu'elle devra relever dont elle prendra la gauche.

C C I I I.

Donner la configne. LE Capitaine qui defcend la garde, donnera la configne à celui qui le relève.

C C I V.

Relever le petit corps-de-garde. CELUI-CI fera fortir de fa garde un Officier l'épée à la main, & douze Dragons le fufil haut, pour aller relever le petit corps-de-garde avancé.

C C V.

Relever les vedettes. LES Brigadiers des deux gardes iront enfemble relever les vedettes.

C C V I.

Reconnoître le pofte. PENDANT qu'on relevera les vedettes, les deux Capitaines vifiteront enfemble les flancs & les avenues du pofte, & celui qui relève prendra de l'autre les éclairciffemens néceffaires fur tout ce qui peut contribuer à fa fûreté.

C C V I I.

LES deux Lieutenans iront enfuite reconnoître le pofte de nuit, ainfi que les chemins & les endroits où les patrouilles devront fe porter pendant la nuit, & celui de la nouvelle garde en rendra compte au Capitaine.

C C V I I I.

Retour de l'ancienne garde. TOUS les poftes étant relevés, la vieille garde retournera au camp, fon petit corps-de-garde compofé d'une divifion faifant l'arrière-garde ; elle y arrivera le fufil haut & Tambour battant, fe mettra en bataille à la tête du

centre

centre de sa brigade ou de son régiment, & ayant remis les fusils fera face au camp par un demi-tour à droite par troupe, après quoi le Commandant de la garde fera décharger les armes, renverra les Dragons & ira rendre compte de son retour au Commandant des Dragons & à celui du régiment.

DU SERVICE DES GARDES ORDINAIRES
dans leur poste.

C C I X.

APRÈS le départ de l'ancienne garde, le Commandant de la nouvelle s'emparera du poste.

Établissement dans le poste.

C C X.

IL ne pourra en sortir ni rien changer à la consigne, mais seulement augmenter de précautions & en rendre compte aux Officiers supérieurs quand ils le visiteront.

C C X I.

LE Commandant restera à cheval avec sa garde & fera doubler les vedettes lorsque la sûreté de sa troupe l'exigera.

C C X I I.

LE reste du temps il fera mettre pied à terre à un rang alternativement, pour débrider les chevaux & les faire manger, ayant attention que le rang qui sera à cheval soit toûjours quinze pas en avant de celui qui sera débridé, & il restera toûjours un Officier au moins à cheval avec le rang qui y sera.

C C X I I I.

S'IL y a des bois ou des haies à portée du poste, il les fera fouiller par un Brigadier & quelques Dragons, avant de faire mettre pied à terre ; & quand même le pays seroit uni & découvert autour de lui, il ne laissera pas d'envoyer à une certaine distance pour examiner s'il n'y auroit point de ravins ou chemins creux.

C C X I V.

LE Commandant de la garde ne permettra à aucun

Assiduité au poste.

I

Officier ni Dragon de s'écarter en aucun temps, fous quelque prétexte que ce puiffe être.

C C X V.

IL aura foin d'avoir une communication libre avec les gardes voifines, afin que rien ne puiffe paffer entr'elles & lui fans être vû.

C C X V I.

IL fera configné aux gardes en avant & fur les flancs du camp, de ne laiffer paffer au-delà aucuns Cavaliers, Dragons, Soldats ni Valets, d'arrêter tous ceux qui fe préfenteront, de les envoyer au Prevôt, & d'en donner avis au Major général des Dragons.

C C X V I I.

LA même configne fera donnée aux gardes fur les derrières du camp, excepté qu'elles devront laiffer paffer les Cavaliers, Dragons & Soldats qui feront porteurs de congés dans la forme prefcrite par les ordonnances, & les Valets qui auront des congés par écrit de leurs maîtres, vifés du Major du régiment.

C C X V I I I.

IL fera auffi configné de reconnoître ceux qui arriveront au camp, & de faire conduire les étrangers au Major général des Dragons, fans cependant caufer aucun trouble ni empêchement aux allans & venans pour le commerce & la fubfiftance du camp, & donnant au contraire toute liberté & fûreté à ceux qui y apportent des vivres & denrées.

C C X I X.

QUAND une vedette avertira qu'elle aperçoit une troupe ou plufieurs perfonnes enfemble venant de fon côté, fi la garde n'eft pas à cheval, le Commandant l'y fera monter, le fecond rang ferrant alors fur le premier, il enverra deux Dragons au grand trot, le fufil haut, à trente pas en avant des vedettes; lorfque ceux que ces Dragons voudront reconnoître feront à portée de les entendre, ils crieront *qui vive!* leur ayant été répondu *France,* ils demanderont *quel régiment!* après la feconde réponfe un des deux Dragons ira rendre compte au Commandant de la troupe, l'autre se retirera au poste de la vedette, d'où il criera à la troupe venante *halte là !* & lorsque le Commandant lui aura envoyé dire de laisser approcher ou passer, il se retirera à sa troupe après avoir averti ceux qu'il aura arrêtés qu'ils pourront avancer ou passer.

C C X X.

Le Commandant de la garde ordinaire, après s'être *Envoi à l'ordre.* établi dans son poste, enverra un Dragon de sa troupe au camp, pour lui apporter les ordres que le Major général des Dragons aura à lui envoyer.

C C X X I.

Au coucher du soleil, le Commandant de la garde *Poste de nuit.* fera monter à cheval, fera retirer ses vedettes & son petit corps-de-garde & se retirera au poste de nuit ; en faisant cette retraite, il fera deux haltes & marchera avec une arrière-garde, il tâchera de faire ce mouvement en même temps que les gardes qui seront à sa droite & à sa gauche.

C C X X I I.

Dans les cas qui exigent d'être alerte, on ne doit *Abreuvoirs.* faire boire les chevaux qu'après que la garde s'est retirée au poste de nuit, en toute autre circonstance on pourra faire boire le matin avant de quitter le poste de nuit, & dans la journée si les chaleurs obligent de faire rafraîchir les chevaux.

C C X X I I I.

Quand on enverra à l'abreuvoir, si la garde est au poste de jour, elle montera entièrement à cheval, les Officiers à la tête, on ne détachera que six Dragons à la fois avec un Brigadier ou un Carabinier, & on attendra que les premiers soient revenus pour en envoyer d'autres.

On aura aussi attention de faire relever le petit corps-de-garde, pendant qu'il ira faire boire, conduit par l'Officier qui le commandera.

C C X X I V.

On prendra les mêmes précautions en allant à l'abreuvoir partant du poste de nuit, si ce n'est que l'on pourra y envoyer un plus grand nombre de chevaux à la fois, pour que cette opération soit pluſtôt finie.

C C X X V.

LA garde ordinaire étant établie au poſte de nuit, celui qui la commande, après avoir mis des vedettes autour & un petit corps-de-garde en avant, fera mettre pied à terre au reſte de la troupe ou à une partie, ſelon les circonſtances, ayant toûjours au moins un des rangs bridé, dont les Dragons tiendront leurs chevaux par la bride & feront en avant de l'autre rang dont les chevaux feront débridés.

C C X X V I.

LES vedettes feront toûjours doublées pendant la nuit, & elles feront aſſez près les unes des autres pour qu'il ne puiſſe paſſer perſonne entr'elles ſans être entendu.

C C X X V I I.

IL y aura du feu au poſte de nuit des gardes ordinaires autant que cela fera poſſible.

C C X X V I I I.

Patrouilles. LE Commandant de la garde règlera le temps auquel les Officiers & le Maréchal-des-logis feront tour à tour la patrouille.

C C X X I X.

CELUI qui devra faire la patrouille prendra avec lui deux Dragons & après avoir reçû les derniers ordres du Commandant, il partira le piſtolet à la main ſuivi des Dragons ayant le fuſil haut.

C C X X X.

ILS marcheront avec le moins de bruit qu'il fera poſ-ſible, & feront halte de temps en temps pour écouter.

C C X X X I.

LORSQU'ILS reviendront à la troupe, les vedettes les arrêteront en leur criant *halte là !* alors un Brigadier eſcorté par deux Dragons viendra les reconnoître & rece-voir le mot de celui qui commandera la patrouille avec celui du ralliement; après quoi on les laiſſera rejoindre la

garde

garde, & l'Officier rendra compte au Commandant de ce qu'il aura vû & entendu.

C C X X X I I.

POUR éviter que les patrouilles soient découvertes, on conviendra d'un signal muet que l'on donnera aux vedettes & aux patrouilles.

C C X X X I I I.

AU petit point du jour toute la garde montera à cheval & y restera jusqu'à ce que la découverte ait été faite.

Reprendre le poste de jour.

C C X X X I V.

LORSQU'IL sera jour, on détachera un Maréchal-des-logis avec quatre Dragons pour aller faire la découverte dans tous les endroits qui lui auront été marqués.

C C X X X V.

LA découverte étant faite, le Commandant de la garde fera retirer les vedettes & marcher pour reprendre le poste de jour, le petit corps-de-garde faisant l'avant-garde; & s'il y a un poste d'Infanterie dans le cas de prendre son poste de jour auprès du sien, il observera d'y marcher ensemble pour se protéger mutuellement.

C C X X X V I.

SI le Commandant du camp ou celui des Dragons visitent les gardes ordinaires pendant le jour, elles monteront à cheval, les Dragons auront le fusil haut, le Tambour battra aux champs, & les Officiers salueront.

Visites.

C C X X X V I I.

CES Officiers, visitant les gardes pendant la nuit, seront reçûs comme par les piquets.

C C X X X V I I I.

LE Major général des Dragons aura le droit de visiter les gardes ordinaires, dont les Commandans exécuteront ce qu'il leur prescrira de la part du Commandant du camp ou de celui des Dragons, les gardes monteront à cheval pour lui, sans mettre le fusil haut, & le Tambour ne battra point.

C C X X X I X.

LES gardes ordinaires monteront à cheval & battront

Passage des troupes.

aux champs quand il passera une troupe à portée d'elles pendant le jour; elles n'en laisseront passer aucune allant au camp pendant la nuit, quand même elles l'auroient parfaitement reconnue pour être de celles du camp, elles la feront rester à l'écart & ne lui donneront passage que lorsqu'il fera grand jour, à moins d'un ordre du Commandant du camp ou du Major général des Dragons.

C C X L.

ELLES permettront néanmoins à l'Officier qui commandera cette troupe, s'il a des nouvelles pressées à donner au Commandant du camp, d'aller chez lui ou d'y envoyer.

C C X L I.

Nouvelles.

SI le Commandant d'une garde ordinaire apprend des nouvelles qui méritent attention, ils les écrira & les enverra par un Dragon au Major général des Dragons.

C C X L I I.

Déserteurs.

S'IL se présente des déserteurs étrangers pour entrer au camp, on les fera conduire par un Brigadier & un Dragon chez le Commandant du camp; s'il étoit trop éloigné on les fera garder à vûe, après les avoir fait désarmer, & on les lui amènera avec leurs armes & chevaux en descendant la garde.

C C X L I I I.

Relever les gardes.

AUCUNE garde ordinaire n'abandonnera son poste sous quelque prétexte que ce puisse être, qu'après avoir été relevée par une autre, ou par un ordre écrit du Commandant du camp ou du Major général des Dragons.

C C X L I V.

UN Commandant de garde ne pourra refuser de se laisser relever par une autre garde, sous prétexte qu'elle seroit moins nombreuse, ou commandée par un Officier d'un grade inférieur au sien.

C C X L V.

LES jours de marche, les anciennes gardes attendront les ordres du Commandant du camp pour rentrer dans leur régiment ou faire l'arrière-garde, & les nouvelles s'assembleront à l'ordinaire pour aller au camp.

DES VEDETTES.

C C X L V I.

LES vedettes doivent toûjours être mises à portée & en vûe de la garde qui les pose.

C C X L V I I.

QUAND elles ont été posées, les Officiers de la garde doivent aller successivement leur faire répéter la consigne.

C C X L V I I I.

ELLES doivent se tourner de temps en temps de différens côtés pour mieux découvrir ce qui se passera autour d'elles, & avertir en appelant, ou par signe, quand elles découvrent des troupes ou plusieurs personnes venant de leur côté.

C C X L I X.

CELLES qui sont doublées ne doivent jamais parler ensemble que pour les cas du service; elles seront tournées de deux côtés opposés, l'une viendra avertir pendant que l'autre restera pour observer; & si une des deux déserte, l'autre tirera dessus.

C C L.

LES vedettes doivent toûjours avoir le fusil haut & armé.

C C L I.

TOUS Dragons qui doivent relever des vedettes, seront conduits par un Brigadier qui partira de la troupe le sabre à la main, & les Dragons le fusil haut.

C C L I I.

LES Dragons qui seront relevés, auront pareillement le fusil haut jusqu'à ce qu'ils aient rejoint la troupe.

C C L I I I.

QUAND le Brigadier aura plusieurs vedettes à relever, il commencera toûjours par la plus éloignée, & ramènera ensemble tous les Dragons qu'il aura relevés.

C C L I V.

LA nouvelle vedette prendra la gauche de la vieille

en la relevant, & le Brigadier se tiendra devant elle pour avoir attention que la consigne soit bien donnée.

DES GARDES A PIED.

C C L V.

QUAND le Commandant du camp jugera à propos de faire monter des gardes à pied aux Dragons, il leur fera assigner, autant qu'il sera possible, des postes séparés, sans les mêler avec l'Infanterie.

C C L V I.

LES gardes & détachemens à pied s'assembleront à la tête du régiment à la droite des gardes à cheval, & seront conduits de même après l'inspection à la tête du régiment chef de brigade, & delà au rendez-vous général des gardes, à moins qu'il n'ait été ordonné de les envoyer en droiture au lieu de leur destination.

C C L V I I.

Inspection des gardes. LORSQUE les détachemens auront été rangés, & les Dragons d'ordonnance placés, le Major général fera mettre aux Dragons à pied la bayonnette au bout du fusil, & les fera reposer sur leurs armes.

C C L V I I I.

LE Commandant du camp & celui des Dragons en feront l'inspection, s'ils le jugent à propos; & quand ils l'ordonneront, le Major général fera défiler les gardes.

C C L I X.

CHAQUE Capitaine fera le commandement à sa troupe pour marcher; il marchera à la tête, le Lieutenant à la gauche & en arrière du Capitaine, & le Maréchal-des-logis à la queue.

C C L X.

Mot de ralliement. LE Major général, qui fera défiler les gardes, donnera le mot de ralliement au Commandant de chaque poste; & lorsque les gardes ne s'assembleront point, il sera remis ou envoyé par le Major général aux Majors des régimens,

dans

dans autant de billets cachetés qu'il devra y avoir de détachemens postés pour la sûreté du camp.

C C L X I.

LES Officiers des détachemens destinés pour les gardes *Sortie du camp.*
qui seront placées aux environs du camp, observeront
dès qu'ils seront en marche, de faire ôter les tampons de
dessus le bassinet des fusils de leurs troupes.

C C L X I I.

ILS feront marcher devant eux un Brigadier & quelques *Avant garde.*
Dragons, qui s'avanceront environ cinquante pas en
avant de la troupe, observant de ne la point perdre de
vûe, & de faire ensorte qu'ils ne puissent point en être
séparés.

C C L X I I I.

LE Dragon d'ordonnance qui conduira la troupe,
marchera devant elle, & à l'avant-garde quand il y en
aura une.

C C L X I V.

LORSQUE la nouvelle garde approchera du poste *Entrée au poste.*
qu'elle devra relever, la vieille garde s'assemblera au milieu
du poste, & après avoir reconnu la nouvelle, elle la laissera entrer dans le poste où elle bordera le parapet.

C C L X V.

DANS les lieux qui ne seront point fermés, la nouvelle garde se mettra en bataille à la droite & sur le même
alignement de l'ancienne.

C C L X V I.

LES Officiers, Maréchaux-des-logis, Brigadiers & *Prendre*
Carabiniers qui devront descendre la garde, donneront *la consigne.*
exactement la consigne à ceux qui la monteront.

C C L X V I I.

LES Brigadiers ou Carabiniers iront ensuite poser *Relever*
les sentinelles de la nouvelle garde, & relever ceux de *les sentinelles.*
l'ancienne.

C C L X V I I I.

PENDANT qu'on relèvera les sentinelles, le Capitaine

L

qui montera la garde prendra tous les éclaircissemens nécessaires de celui qui la descendra.

CCLXIX.

Dragon d'ordonnance.

LORSQUE la vieille garde partira il enverra avec elle un Dragon intelligent de son détachement qui ira à l'ordonnance chez le Major général des Dragons; ce Dragon lui apportera les ordres qui pourront survenir, & conduira le lendemain la garde qui devra le relever.

CCLXX.

DANS le cas où les gardes de Dragons à pied seroient éloignées du camp & dans des postes dangereux, on donnera à chacune un ou deux Dragons d'ordonnance à cheval pour que le Capitaine puisse avec plus de célérité donner des nouvelles au camp de ce qui pourra se passer dans son poste.

CCLXXI.

Pose des premières gardes.

LES premières gardes qui seront posées à l'arrivée des troupes au camp, ou celles qui seront demandées d'augmentation, seront conduites par ceux qui auront été chargés de reconnoître les endroits où elles devront être posées.

DU SERVICE DES GARDES A PIED
dans leurs postes.

CCLXXII.

Leur établissement.

A l'arrivée d'une garde à son poste, soit qu'elle en relève une autre ou non, le Commandant la disposera comme il voudroit qu'elle fût en cas d'attaque, & aura soin que chaque Dragon mette son fusil à son poste.

CCLXXIII.

IL fera placer les sentinelles, ou les changera s'il les trouve mal placées; il se fera rendre compte de leur consigne, & il en augmentera ou diminuera le nombre, ou même les fera doubler en certains endroits, soit de jour, soit de nuit, selon qu'il le jugera nécessaire.

C C L X X I V.

IL reconnoîtra les chemins ou débouchés par lesquels l'ennemi pourroit venir à lui, afin d'y mettre s'il en est besoin quelques petits postes en avant qui se retireront la nuit au gros de la troupe.

C C L X X V.

IL fera travailler diligemment les Dragons à retrancher le poste, s'il ne l'est pas suffisamment; & il se servira de tous les moyens praticables pour le mettre en état de défense.

C C L X X V I.

LE Commandant du poste fera reconnoître pendant le jour, les chemins que ses patrouilles auront à tenir pendant la nuit, & fera faire cette reconnoissance par ceux mêmes qu'il destinera pour ces patrouilles.

Reconnoître le chemin des patrouilles.

C C L X X V I I.

VERS le soir il expliquera aux Officiers, au Maréchaux-des-logis & aux Brigadiers qui seront avec lui, les rondes qu'ils auront à faire pendant la nuit, & il en réglera les heures, de façon que les sentinelles puissent être visitées souvent.

Disposition pour la nuit.

C C L X X V I I I.

A l'entrée de la nuit, il donnera à ces Officiers, Maréchal-des-logis & Brigadiers, le mot de ralliement qu'il aura reçu avant de partir du camp.

C C L X X I X.

IL fera mettre les sentinelles d'augmentation pour la nuit, & les fera doubler dans les endroits nécessaires, défendant aux sentinelles doublés de parler ensemble, & leur ordonnant de regarder alternativement chacun de différens côtés.

C C L X X X.

IL fera prendre ensuite les armes à son détachement pour en faire la visite & instruire encore plus précisément les Dragons du poste qu'ils devront occuper en cas d'attaque.

CCLXXXI.

IL leur fera garder leurs armes toute la nuit entre leurs bras, veillant à ce qu'ils se tiennent assis autour du feu vis-à-vis leur poste, sans dormir, & qu'ils couvrent la platine de leur fusil, pour que la pluie ni la rosée ne puissent la mouiller.

CCLXXXII.

Patrouilles. IL fera faire des patrouilles pendant la nuit en dehors de son poste, lesquelles feront plus ou moins fréquentes, suivant les circonstances.

CCLXXXIII.

CELUI qui fera chargé de faire la patrouille, prendra avec lui deux hommes à son choix & partira, après avoir reçû les ordres de l'Officier qui commandera.

CCLXXXIV.

IL observera de marcher avec le moins de bruit qu'il fera possible, & de faire halte de temps en temps pour écouter.

CCLXXXV.

QUELQUE rencontre qu'il fasse il ne tirera jamais, que lorsqu'étant coupé il ne pourra retourner à son poste pour l'avertir.

CCLXXXVI.

SA tournée étant finie, il s'arrêtera lorsque le sentinelle aura crié *halte là!* & il attendra qu'un Brigadier escorté de deux Dragons, vienne le reconnoître & recevoir de lui le mot de ralliement.

CCLXXXVII.

DÈS qu'il aura été reconnu on le laissera entrer dans le poste avec ses Dragons, & il rendra compte au Commandant de ce qu'il aura vû & entendu.

CCLXXXVIII.

PENDANT que la patrouille fera dehors, une partie des Dragons du poste en bordera les retranchemens.

CCLXXXIX.

DANS les postes exposés où il feroit à craindre que le cri des sentinelles ne les fît découvrir, on leur donnera,

de

de même qu'à ceux qui feront les patrouilles, un signal muet dont on fera convenu.

C C X C.

Au petit point du jour, les Officiers & leurs détachemens borderont le parapet de leurs postes, & y resteront jusqu'à ce que la découverte ait été faite.

C C X C I.

Lorsqu'il sera jour, on détachera le Maréchal-des-logis & quatre Dragons pour aller faire la découverte.

C C X C I I.

Le Maréchal-des-logis, chargé de cette commission, ira exactement dans tous les endroits qui lui auront été indiqués par son Commandant, & il visitera tous les lieux circonvoisins où l'ennemi auroit pû s'embusquer.

C C X C I I I.

La découverte étant faite, on relèvera les sentinelles d'augmentation qui auront été posés pendant la nuit.

C C X C I V.

Les Dragons remettront leurs armes à leur place, & le Maréchal-des-logis les leur fera essuyer, & on ne leur permettra jamais, à moins qu'il ne pleuve, de mettre leurs couvre-platines.

C C X C V.

Les gardes ordinaires placées pour la sûreté du camp, feront reconnoître exactement les troupes & les personnes qui en approcheront, soit pour entrer dans le camp ou pour en sortir.

C C X C V I.

Dès que les sentinelles apercevront une troupe ou quatre ou cinq personnes ensemble qui viendront de leur côté, ils avertiront le poste & présenteront les armes.

C C X C V I I.

Aussi-tôt l'Officier fera prendre les armes aux Dragons de son détachement, leur faisant mettre l'arme au bras, & en même temps il enverra reconnoître la troupe par le Maréchal-des-logis & quatre Dragons, qui iront se placer près le sentinelle les armes présentées.

M

CCXCVIII.

LORSQUE le Maréchal-des-logis sera à portée d'être entendu, il criera *qui vive !* & après qu'il lui aura été répondu *France*, il demandera *quel régiment !*

Ayant reconnu la troupe par la seconde réponse qui lui aura été faite, il détachera un Dragon pour en aller rendre compte au Commandant du poste, & cependant il fera faire halte à cette troupe, jusqu'à ce que ledit Commandant lui ait envoyé dire de la laisser approcher ou passer.

CCXCIX.

LE Commandant du poste fera rester son détachement en état jusqu'à ce que la troupe soit passée & hors de sa vûe, & il fera rendre au Commandant du camp, à celui des Dragons & aux Officiers de piquet les honneurs qui leur sont dûs.

Les honneurs rendus par les différentes batteries de tambours, cesseront à la retraite, & ne recommenceront qu'à l'heure marquée pour battre l'assemblée des gardes.

CCC.

Poste détaché. SI le Lieutenant devoit être détaché du poste du Capitaine, il marchera avec lui jusqu'au poste que le Capitaine devra occuper, où il le quittera pour aller prendre le sien, conduit par un Dragon d'ordonnance.

CCCI.

LE Lieutenant avant de quitter le Capitaine, prendra de lui le mot de ralliement, qu'il ne donnera que le soir aux Brigadiers & Carabiniers détachés avec lui.

CCCII.

IL n'enverra pas d'ordonnance chez le Major général, mais au poste du Capitaine.

CCCIII.

IL se conduira pour relever le poste pour sa sûreté & pour les autres choses qu'il aura à faire de la même manière que le Capitaine le devroit faire.

CCCIV.

LORSQU'IL sera relevé il viendra rejoindre le Capitaine à son poste, pour retourner au camp avec lui, fans que l'un ni l'autre puiſſe s'en retourner ſéparement.

C C C V.

LES Officiers de garde deſcendront exactement la parade à la tête du camp de leur régiment.

C C C V I.

ILS y mettront leur détachement en bataille, pour examiner s'il n'y manquera perſonne, & après lui avoir fait faire demi-tour à droite & préſenter les armes, ils le congédieront.

C C C V I I.

LES gardes à pied des Dragons ſe conformeront au reſte à ce qui eſt preſcrit pour les gardes à cheval, depuis & compris l'article CCXXXIX juſqu'à l'article CCXLV.

DES SENTINELLES.

C C C V I I I.

LES ſentinelles des poſtes ſeront relevés de deux en deux heures, ſans qu'on puiſſe les laiſſer plus long-temps en faction.

C C C I X.

SI on campoit dans des temps de grande gelée, on les relèveroit toutes les heures.

C C C X.

AVANT que les ſentinelles partent d'un poſte, ils ſeront préſentés à celui qui commandera, lequel les fera mettre en haye, examinera s'ils ſeront en état, & les verra partir ſous la conduite d'un Brigadier ou d'un Carabinier qui marchera à la tête, les ſentinelles le ſuivant deux à deux.

C C C X I.

LES ſentinelles allant relever, ſuivront le Brigadier ou le Carabinier, ſans pouvoir s'en ſéparer pour l'aller attendre ſur ſon chemin.

C C C X I I.

CEUX qui ſeront relevés le ſuivront de même pour

revenir au poste, & aucun d'eux ne pourra poser les armes, qu'après que le Commandant l'aura vû.

C C C X I I I.

LES sentinelles en se relevant se présenteront les armes l'un à l'autre, & ils se donneront la consigne en présence de leur Brigadier ou Carabinier qui seul les écoutera.

C C C X I V.

AUCUN sentinelle ne se laissera jamais relever que par le Brigadier ou Carabinier de son détachement.

C C C X V.

Port des armes. TOUT Dragon commandé, soit pour aller en faction, soit pour marcher à l'avant-garde, soit pour aller à la découverte ou en patrouille, marchera l'arme au bras, la bayonnette au bout.

C C C X V I.

LES sentinelles étant aux guidons & aux faisceaux, ceux des postes placés pour la sûreté du camp, ceux qui feront chargés de garder des criminels, & ceux qui feront mis à des magasins, auront de même l'arme au bras, la bayonnette au bout, & ne présenteront les armes que lorsqu'il passera des troupes à portée d'eux, ou qu'ils croiront devoir se mettre en état de défense.

C C C X V I I.

LES sentinelles placés pour la garde de l'artillerie ou des poudres, auront le sabre à la main.

C C C X V I I I.

LES sentinelles des autres gardes particulières, porteront le fusil sans avoir la bayonnette au bout, de même que tout autre sentinelle qui ne fera pas dans le cas des exceptions ci-dessus.

DES DRAGONS D'ORDONNANCE.

C C C X I X.

IL sera commandé tous les jours deux Dragons & un Brigadier, pour être d'ordonnance chez le Commandant des Dragons.

CCCXX.

C C C X X.

IL y aura aussi deux Dragons d'ordonnance avec un Brigadier chez le Major général des Dragons.

DES DÉTACHEMENS.

C C C X X I.

TOUS les détachemens commandés, tant à pied qu'à cheval, seront formés chacun à la tête du régiment qui le fournira. *Leur assemblée.*

C C C X X I I.

L'OFFICIER-MAJOR qui en fera l'inspection visitera les armes & munitions des Dragons en présence des Officiers qui devront commander le détachement, il vérifiera si les Dragons auront du pain & de l'avoine, pour le temps qui aura été ordonné, & il ne souffrira point de chevaux qui ne soient en bon état.

C C C X X I I I.

POUR remédier à ce qui pourroit se trouver de manque à cette inspection, il s'y trouvera un Officier, & au défaut d'Officier, un Maréchal-des-logis de chaque compagnie.

C C C X X I V.

L'OFFICIER-MAJOR du régiment conduira ensuite les détachemens à la tête du régiment chef de brigade, où il les remettra au Major général en lui donnant par écrit le nom des régimens qui auront fourni les différens détachemens & ceux des Officiers de tous grades qui seront attachés à chaque troupe commandée, & le Major général, après les avoir visités, les conduira au rendez-vous indiqué.

C C C X X V.

LES détachemens de Dragons, soit à pied, soit à cheval, de quelque régiment qu'ils soient, marcheront entr'eux suivant le rang des régimens dont ils auront été tirés, mais les Capitaines commanderont entr'eux suivant l'ancienneté de leur commission. *Rang des détachemens.*

N

CCCXXVI.

Commandement.

L'OFFICIER de grade supérieur, soit d'Infanterie ou de Dragons, commandera par-tout à celui d'un grade inférieur.

CCCXXVII.

DANS les détachemens mêlés d'Infanterie & de Dragons à pied, les Officiers d'Infanterie commanderont à grade égal à ceux de Dragons; bien entendu que dans les détachemens où les Dragons serviront à cheval, leurs Officiers, à grade égal, commanderont en campagne à ceux d'Infanterie.

CCCXXVIII.

TOUT Officier qui aura été nommé à l'ordre de l'armée pour commander un détachement composé d'Infanterie & de Dragons, le commandera pendant tout le temps que ce détachement sera hors du camp & dans quelque lieu qu'il se trouve.

CCCXXIX.

Mot de ralliement.

TOUT Officier qui commandera un détachement sortant du camp, donnera un mot de ralliement à sa troupe, & même s'il en est besoin, un rendez-vous pour la rassembler.

CCCXXX.

Retour des détachemens.

QUAND au retour d'un détachement, il se trouvera à la vûe du camp & en dedans des gardes ordinaires, l'Officier qui le commandera fera faire halte à son avant-garde, & mettra ses troupes en bataille à mesure qu'elles arriveront, faisant face en dehors du camp.

CCCXXXI.

DÈS que son arrière-garde l'aura joint, il fera défiler devant lui chaque troupe pour retourner à leur camp.

CCCXXXII.

AVANT de faire défiler, il examinera s'il ne manquera personne, afin de faire châtier les Dragons qui se seront absentés.

CCCXXXIII.

S'IL s'en trouve quelqu'un chargé de maraude, il le fera arrêter & conduire sur le champ au Prevôt.

CCCXXXIV.

SI le détachement est chargé d'escorter quelque convoi, il ne séparera point ses troupes que tout le convoi ne soit entré dans le camp.

CCCXXXV.

LES détachemens de chaque régiment ne se sépareront qu'à la tête de leur régiment, & il ne sera permis à aucun Dragon de quitter plus tôt sa troupe.

CCCXXXVI.

APRÈS avoir fait l'arrière-garde de tous les détachemens, il ira rendre compte au Commandant du camp & à celui des Dragons.

CCCXXXVII.

LE Lieutenant-colonel rendra compte de plus au Mestre-de-camp du régiment, & les autres Officiers inférieurs au Commandant du régiment, quel qu'il soit, quand même ils n'auroient fait que marcher avec leur troupe sans avoir de commandement.

CCCXXXVIII.

LES détachemens qui rencontreront des troupes ou des Officiers généraux auxquels le salut est dû, en useront à cet égard de même qu'il est dit pour les gardes ordinaires.

CCCXXXIX.

CHAQUE Commandant de détachement aura soin de faire décharger les armes des Dragons qui le composeront, avant de les faire rentrer dans le camp, comme il a été dit pour les gardes.

DES MARCHES.

CCCXL.

ON commencera par battre la générale quand toutes les troupes du camp devront marcher ou prendre les armes.

Ordre des batteries.

CCCXLI.

Au lieu de la générale on battra aux champs en premier lieu, quand il n'y aura qu'une partie des troupes qui devra marcher.

CCCXLII.

On battra l'assemblée en second lieu, soit que les troupes doivent marcher en tout ou en partie.

CCCXLIII.

Générale,
ou Premier.

Aussi-tôt qu'on battra la générale ou le premier, les Majors des régimens se rendront auprès du Major général pour recevoir les ordres qu'il aura à leur donner.

CCCXLIV.

Le piquet montera à cheval & mettra des vedettes à la queue & sur les flancs du camp, comme il a été dit au titre du piquet.

CCCXLV.

L'Officier-major sortant de piquet assemblera les détachemens qui seront commandés, soit pour escorter les équipages, soit pour faire l'arrière-garde, ou pour toute autre commission.

CCCXLVI.

Il rassemblera aussi les vieilles gardes qui, n'ayant pas rejoint leurs corps, devront faire l'arrière-garde, ou en composer une partie.

CCCXLVII.

Les Officiers supérieurs & l'Officier-major entrant de piquet se trouveront à la tête du camp avec les nouvelles gardes & les campemens.

CCCXLVIII.

Ils marcheront avec les campemens, & à mesure que les gardes seront postées l'Officier-major de piquet en prendra note & en remettra l'état au Major général des Dragons, qui en donnera aussi un état au Commandant du camp & à celui des Dragons.

CCCXLIX.

Assemblée,
ou Second.

Les Tambours, après avoir battu le second ou l'assemblée, monteront à cheval & se rassembleront au centre du régiment,

régiment, en avant des guidons pour attendre le moment où ils devront battre à cheval, & pour cet effet ils auront la précaution d'équiper & charger leurs chevaux avant de commencer à battre le second.

C C C L.

LES Officiers des compagnies feront abattre, plier & charger diligemment les tentes.

C C C L I.

LES Maréchaux-des-logis veilleront avec les chefs de chambrée à ce que chaque Dragon rassemble son équipage, sans se charger de choses inutiles; feront éteindre les feux exactement, & empêcheront que les Dragons ne brûlent la paille du camp, à quoi les Commandans des corps veilleront pareillement.

C C C L I I.

LORSQU'ON battra à cheval, les Dragons débouche- *A cheval.* ront pour se mettre en bataille à la tête de leur camp.

C C C L I I I.

LORSQUE le Major général fera mettre en mouve- *Marche.* ment le régiment chef de brigade, ceux des autres régimens en feront autant, & ils marcheront ensemble en bataille environ trente pas à la tête du camp où ils feront halte.

C C C L I V.

LES régimens marcheront dans le même ordre qu'ils feront campés.

C C C L V.

DÈS que le premier régiment marchera, les autres exécuteront aussi-tôt les mêmes mouvemens, pour que la ligne se déploye en même temps, à moins que la dispo- sition de la marche n'exige qu'ils partent successivement.

C C C L V I.

AUCUN Officier ne quittera sa troupe pendant la marche sans la permission du Commandant du régiment.

C C C L V I I.

LES Officiers-majors se promèneront de la tête à la

queue de leur régiment pour examiner si tout est en règle, & ils en rendront compte au Commandant du régiment.

CCCLVIII.

Dragons à leur rang. LES Dragons ne pourront sortir de leur rang pour s'écarter de la colonne.

CCCLIX.

ON obligera ceux qui auront des besoins, à avertir, & on laissera avec eux un Brigadier qui les obligera de rejoindre diligemment.

CCCLX.

IL sera défendu de laisser boire les chevaux en marche; les Maréchaux-des-logis des compagnies auront attention de l'empêcher, & à cet effet, au passage de chaque gué, le Commandant du régiment laissera un Officier qui sera relevé successivement par un autre Officier de chacune des compagnies suivantes.

CCCLXI.

Valets. LES Officiers ne pourront se faire suivre dans les marches que par un seul valet à cheval, avec un cheval de main, en ce cas ces valets se tiendront dans l'intervalle des escadrons.

CCCLXII.

Dragons écartés. SI quelques Dragons écartés font du désordre, on enverra un Officier avec des Dragons pour les arrêter.

CCCLXIII.

SI un Dragon est rencontré hors de la marche de la colonne, sans que les Officiers de sa compagnie aient averti le Commandant du régiment, & celui-ci le Brigadier, celui de ces Officiers qui y aura manqué, sera responsable du désordre que ce Dragon aura fait.

CCCLXIV.

LES Officiers de tel corps que ce soit, feront arrêter tout Dragon qui ne sera pas à sa troupe, quand même son régiment ne seroit pas dans la colonne, & ils le feront conduire à son régiment, lorsqu'on sera arrivé au nouveau camp.

C C C L X V.

LES Commandans des régimens donneront main-forte au Prevôt, s'ils en sont requis, & ils concourront avec lui pour empêcher le desordre : ceux des détachemens en feront de même.

Main-forte au Prevôt.

C C C L X V I.

ILS empêcheront que personne ne tire en marche, & feront arrêter les Dragons qui auront tiré, lesquels seront envoyés au Prevôt.

Défense de tirer.

C C C L X V I I.

ILS ne souffriront dans les colonnes des troupes, sous tel prétexte que ce puisse être, ni chaise, ni carosse, ni aucune autre espéce de voiture à roues.

Voitures.

C C C L X V I I I.

ILS empêcheront que personne ne crie ni *Halte*, ni *Marche*, & qu'on ne fasse passer aucune parole.

Cris.

C C C L X I X.

SI les troupes de la queue d'une colonne ne peuvent suivre la tête, ou qu'il leur arrive quelqu'accident qui les oblige à s'arrêter, le Tambour qui marchera à la tête de l'escadron demeuré en arrière, appellera : les autres Tambours appelleront d'escadron en escadron jusqu'à la tête qui fera halte, en attendant que le même Tambour qui aura commencé à appeler, batte aux champs ; & cependant le Commandant de l'escadron qui sera arrêté, enverra un Officier à celui qui sera chargé de la conduite de la colonne, pour l'avertir de ce qui sera arrivé.

Haltes.

C C C L X X.

LORSQUE le Commandant du camp passera le long d'une colonne de Dragons, étant en marche ou en halte, les Dragons ne mettront point le fusil haut, & les troupes qui marcheroient ne s'arrêteront pas, mais les Tambours battront selon son grade.

Passage du Commandant du camp.

C C C L X X I.

LES régimens en arrivant au nouveau camp, se formeront en bataille à la tête du terrein qui leur sera destiné,

Arrivée au nouveau camp.

& ils n'y entreront que lorsque le Commandant des Dragons l'ordonnera.

DES ÉQUIPAGES.

CCCLXXII.

Voitures. LA suppression des voitures à deux roues, à l'exception des chaises ayant été ordonnée, on ne souffrira au camp que des chariots à quatre roues avec un timon, qui seront tirés au moins par quatre chevaux attelés deux à deux.

CCCLXXIII.

LE Commandant des Dragons & les Mestres de-camp, Lieutenans-colonels ou autres anciens Officiers de ce corps, qui pourroient avoir besoin d'une chaise, en demanderont la permission au Commandant du camp, qui la leur donnera par écrit, s'il le juge à propos.

CCCLXXIV.

IL ne pourra y avoir plus d'un vivandier, un boulanger & un boucher à la suite de chaque régiment, & ils auront chacun un chariot seulement.

CCCLXXV.

Nombre de chevaux. LE Commandant & les Mestres-de-camp de Dragons ne pourront avoir plus de seize chevaux d'équipage, y compris l'attelage d'une voiture à quatre roues.

CCCLXXVI.

LES autres Officiers ne pourront avoir un plus grand nombre de chevaux de monture ou de bât, que celui pour lequel ils reçoivent des fourrages quand Sa Majesté leur en fait donner.

CCCLXXVII.

LES Majors des régimens donneront au Commandant du camp, un état exact de ce que chaque Officier aura d'équipage, & de leur espèce.

CCCLXXVIII.

Vaguemestres. LE Commandant des Dragons choisira entre les Brigadiers des compagnies de ce corps celui qu'il jugera le
plus

plus capable de faire les fonctions de Vaguemestre de brigade.

C C C L X X I X.

IL sera choisi de même par le Mestre-de-camp dans chaque régiment un Brigadier, pour faire les fonctions de Vaguemestre particulier du régiment, lequel recevra les ordres du Vaguemestre de brigade.

C C C L X X X.

LA veille de chaque jour de marche, le Vaguemestre de brigade prendra l'ordre du Major général des Dragons, sur l'heure & le lieu où les équipages devront être conduits le lendemain, & il le rendra aux Vaguemestres des autres régimens.

C C C L X X X I.

LES Vaguemestres des régimens disposeront les équipages de leurs régimens en file, suivant le rang des escadrons & celui des compagnies dans l'escadron.

C C C L X X X I I.

LES Vaguemestres des régimens ne souffriront point qu'aucun bagage se mette en marche que le Vaguemestre de la brigade ne soit venu l'ordonner, ce que celui-ci ne fera point que le Major général des Dragons n'en ait envoyé l'ordre.

C C C L X X X I I I.

LES Vaguemestres feront arrêter tous charretiers & conducteurs de bagages qui se seront mis en marche avant l'heure ordonnée.

C C C L X X X I V.

IL y aura à chaque régiment un étendard nommé *fanion*, qui sera porté par un des valets que le Major choisira : la banderole du fanion sera d'un pied en quarré, & d'étoffe de laine des couleurs affectées au régiment dont le nom y sera écrit. *Fanion.*

C C C L X X X V.

LORSQUE le Vaguemestre de brigade aura reçû l'ordre pour marcher, il fera mettre en marche le bagage de *Marche des bagages.*

chaque régiment, suivant le rang que le régiment tiendra dans la brigade.

CCCLXXXVI.

Le bagage du Commandant des Dragons marchera à la tête des équipages de la brigade.

CCCLXXXVII.

Le Vaguemestre de la brigade en conduira les équipages pendant la marche, en suivant exactement les guides qui conduiront la colonne, & sans les devancer.

CCCLXXXVIII.

Il fera arrêter tous les valets qui voudroient passer devant le fanion de leur régiment, à la suite duquel ils resteront rassemblés, à l'exception de ceux qui marcheront avec leurs maîtres dans les divisions.

CCCLXXXIX.

Il veillera à ce que chaque Vaguemestre particulier fasse son devoir, & à ce que l'ordre soit ponctuellement exécuté.

CCCXC.

Chacun des Vaguemestres particuliers des régimens sera assidu pendant la marche auprès des bagages de son régiment, & tiendra la main à les faire avancer & suivre dans le rang où il les aura mis.

CCCXCI.

Il sera commandé un détachement pour escorter chaque colonne d'équipage; & l'Officier qui la commandera devant être instruit de l'ordre de la marche, aura soin de faire observer exactement ce qui aura été ordonné, & de faire arrêter qui que ce soit qui voudra croiser la file.

CCCXCII.

On ne donnera aucune escorte armée à l'équipage particulier de qui que ce puisse être, & on n'y enverra aucun Dragon; en cas de contravention, le Major du corps dont sera l'escorte en rendra compte au Commandant du régiment & au Major général des Dragons.

CCCXCIII.

LES valets se tiendront dans les marches à l'équipage de leurs maîtres, & les vivandiers où ils devront être, sans s'écarter à droite ni à gauche.

CCCXCIV.

LES équipages qui se seront arrêtés, pour quelque cause que ce soit, ne pourront reprendre la file qu'à la queue des équipages de leur régiment ou de la brigade; & si ceux de la brigade étoient passés avant qu'ils fussent en état de marcher, ils seront obligés d'attendre que tous les équipages de la colonne soient passés pour en prendre la queue.

CCCXCV.

AUCUN charretier ni conducteur de bagages ne coupera ni devancera l'équipage qui le précédera, à moins que celui-ci ne puisse pas suivre la colonne.

CCCXCVI.

CEUX qui contreviendront à ce qui est prescrit ci-dessus pour l'ordre de la marche des bagages, seront punis suivant la rigueur des ordonnances.

CCCXCVII.

LES menus équipages marcheront dans le même ordre que les gros, lorsqu'ils en seront séparés; en ce cas, outre l'escorte qui marchera avec les gros équipages, on commandera un Brigadier pour contenir les valets qui seront aux menus équipages de la brigade.

DES FOURRAGES.

CCCXCVIII.

LORSQU'IL y aura un fourrage commandé, il sera consigné dès la veille aux sentinelles de nuit tirés de la garde du camp & du piquet, de ne laisser sortir du camp aucun Dragon ni domestique sans la permission du Capitaine de piquet, & cette consigne sera renouvelée à ceux de la nouvelle garde qui les relèveront.

CCCXCIX.

Dès que le nouveau piquet aura été assemblé le matin à la tête du camp, il posera à la queue & sur les flancs des vedettes, qui auront la même consigne.

C D.

Les Officiers du piquet se promèneront à cheval autour du camp, pour voir si ces vedettes seront leur devoir & s'il ne sortira personne du camp.

C D I.

On commandera dès le soir les gardes & les petites escortes pour le fourrage du lendemain.

C D I I.

Les gardes destinés à former la chaîne, seront conduits au rendez-vous à l'heure indiquée par un Officier-major de la brigade.

C D I I I.

Les petites escortes seront d'un Dragon par compagnie, & commandées par un Capitaine, avec un Tambour, pour rassembler les fourrageurs en cas de besoin.

C D I V.

Elles marcheront chacune avec les fourrageurs de leur régiment, jusque dans l'enceinte désignée pour le fourrage.

C D V.

Les fourrageurs marcheront dans le même ordre que les troupes sont campées.

C D V I.

Le Major de chaque régiment en conduira les fourrageurs au rendez-vous du fourrage.

C D V I I.

Ils seront aussi conduits par le Mestre-de-camp & le Lieutenant-colonel, & en leur absence par le premier Capitaine qui se trouvera n'être point commandé pour d'autre service.

C D V I I I.

Le Capitaine de la petite escorte sera toûjours subordonné à celui qui conduira les fourrageurs du régiment;

si cependant

fi cependant il fe trouvoit plus ancien, il prendroit en ce cas la conduite des fourrageurs, & fon fervice de corvée étant cenfé fait, il feroit remplacé tout de fuite à la petite efcorte.

C D I X.

IL y aura toûjours un Officier à la tête des fourrageurs de chaque compagnie pour les contenir, ainfi que les valets des Officiers de la compagnie.

C D X.

LORSQUE le Commandant des fourrageurs aura permis de les laiffer débander, & qu'ils auront mis pied à terre, les petites efcortes feront raffemblées ou difperfées felon que ledit Commandant l'ordonnera.

C D X I.

LES petites efcortes ne fe retireront qu'après que les fourrageurs fe feront retirés, & le Commandant les ramenera avec ordre à la fuite des fourrageurs qui feront accompagnés de leurs Officiers.

DES DISTRIBUTIONS.

C D X I I.

LORSQU'IL y aura des diftributions à faire, les Dragons de chaque régiment y feront conduits en bon ordre par un Officier-major.

C D X I I I.

CET Officier aura attention à ce que la diftribution foit faite en règle, & donnera fon reçû de ce qui aura été fourni.

C D X I V.

IL fe concertera avec le Commiffaire des guerres qui fera préfent pour lever les difficultés qui pourroient furvenir, & s'abftiendra de toutes voies de fait.

C D X V.

SI le Commiffaire des guerres & l'Officier-major ne s'accordoient pas fur la manière de terminer les difficultés furvenues, l'Officier-major en rendra compte au Major général des Dragons, & le Commiſſaire des guerres à l'Intendant.

C D X V I.

L'Officier chargé de ce détail ne ſe préſentera point à la diſtribution qu'il n'ait un état exact du nombre des rations qu'il aura à demander pour le régiment, compagnie par compagnie.

C D X V I I.

Il ſe rendra d'abord où le commis principal tiendra le bureau, & celui-ci donnera un Commis particulier pour le conduire avec ſa troupe au lieu où la diſtribution devra être faite.

C D X V I I I.

Il ſera fait mention ſur les reçûs des quantités qui auront été délivrées pour chaque compagnie & pour l'Etat-major.

C D X I X.

Le même ordre s'obſervera à toutes les diſtributions de quelqu'eſpèce qu'elles ſoient.

C D X X.

On chargera autant qu'il ſe pourra le même Officier d'aſſiſter toûjours à la même eſpèce de diſtribution.

C D X X I.

Les diſtributions ſe feront à chaque régiment dans le rang qui aura été preſcrit à l'ordre.

DE LA DISCIPLINE & police du camp.

C D X X I I.

Prendre les armes. Aucun régiment ne prendra les armes, ſans la permiſſion du Commandant du camp, à moins qu'il ne lui ſoit ordonné par le Commandant ou le Major général des Dragons.

C D X X I I I.

TOUS les Officiers porteront les habits uniformes de
leurs régimens, ils ne monteront point de chevaux qu'ils
n'aient aussi des housses de cet uniforme, & ne paroîtront
point chez le Commandant du corps ni aucun autre
Officier supérieur, sans avoir des bottines ou des bottes
molles.

Uniforme des Officiers.

C D X X I V.

LES Lieutenans & Maréchaux-des-logis qui seront commandés pour quelque service que ce soit, à pied ou à
cheval, porteront un fusil & une gibecière, & si quelqu'un d'eux se trouve au rendez-vous des gardes & détachemens sans en porter, il sera envoyé aux arrêts.

Leur armement.

C D X X V.

LES Mestres-de-camp & autres Officiers, camperont
régulièrement chacun à leur régiment & compagnie.

Campement des Officiers.

C D X X V I.

LES Officiers-majors des régimens camperont pareillement à leur régiment.

C D X X V I I.

AUCUN Officier ne pourra s'absenter du camp ni même
en découcher quand ce ne seroit que pour un jour, sans la
permission par écrit du Commandant du camp; & on
s'adressera au Commandant des Dragons pour avoir cette
permission, après l'avoir obtenue du Commandant du
régiment.

Absence des Officiers.

C D X X V I I I.

A l'arrivée des troupes au camp, on fera battre des
bans pour publier les défenses ci-après, sous les peines
portées par les ordonnances, ou celles qui feront ordonnées
par le Commandant du camp, s'il juge à propos d'en
infliger de plus sévères.

Bans.

C D X X I X.

IL sera défendu de rien prendre dans les maisons voi-
sines du camp, ni dans aucun autre lieu, de cueillir aucun
fruit, herbages ni légumes dans les jardins ni dans les

Défenses.

champs, de couper aucun arbre fruitier ou autres, ni aucune haye, & d'entrer dans les vignes.

C D X X X.

Chaſſe & Pêche. IL sera pareillement défendu à tous Officiers, Dragons & Valets, de chaſſer & de pêcher; les Commandans des corps puniront ceux qui y contreviendront, & en rendront compte au Commandant du camp.

C D X X X I.

Vivres. MESMES défenses seront faites aux Dragons & à tous autres, de prendre quoique ce puiſſe être aux payſans & autres perſonnes qui apporteront des vivres & autres denrées au camp, soit à titre de retribution ou autrement, ni de leur faire aucun tort ou violence, même d'aller au devant d'eux, soit pour prendre ces vivres en les taxant arbitrairement ou pour les choiſir avant qu'ils soient arrivés au lieu qui sera déſigné pour servir de marché, ni de donner aucun empêchement aux moulins, le tout pour quelque cauſe & sous quelque prétexte que ce puiſſe être.

C D X X X I I.

QUI que ce soit qui se trouvera chargé de hardes ou uſtenſiles, priſes en maraude, sera arrêté & envoyé au Prevôt.

C D X X X I I I.

Vivandiers. LES Majors ne ſouffriront point qu'aucuns autres vivandiers, que ceux de leur régiment, s'établiſſent dans le terrein qu'il occupera.

C D X X X I V.

Gens ſans aveu. ILS ne ſouffriront point non plus qu'il y ait aucuns gens ſans aveu à la ſuite des corps.

C D X X X V.

Commerce. NUL Dragon ne pourra aller camper au quartier général ni ailleurs, que dans le terrein de son régiment, pour faire aucun métier ou commerce.

C D X X X V I.

ILS ne pourront auſſi aller au quartier général sous prétexte d'acheter des vivres, sans une permiſſion par écrit de leur Capitaine, ſignée du Major du régiment, laquelle

permiſſion

permiſſion ne pourra être accordée que pour les heures qui ſeront réglées par le Commandant du camp.

C D X X X V I I.

LES Dragons ne pourront rien vendre dans le camp, ſans une permiſſion par écrit du Major de leur régiment.

C D X X X V I I I.

IL ſera défendu aux Dragons de paſſer les gardes *Paſſer les gardes.* établies autour du camp, ſans un congé dans la forme preſcrite par les ordonnances; ceux qui ſe trouveront hors des gardes, ſans même y avoir fait du deſordre, ſeront arrêtés & punis comme déſerteurs, & on les punira comme voleurs s'ils ſe trouvent avoir commis du deſordre.

C D X X X I X.

LES Meſtres-de-camp ou Commandans des corps, ne pourront permettre à aucuns Dragons de paſſer les gardes du camp, à moins que les congés qu'ils leur donneront ne ſoient approuvés du Commandant des Dragons, qui en demandera la permiſſion au Commandant du camp.

C D X L.

S'IL arrivoit qu'on arrêtat aux environs du camp quelque Dragon qui eût découché ſans que ſon Capitaine en eût averti, le Capitaine ſera interdit & payera le deſordre fait par le Dragon arrêté, & le Commandant du régiment en ſera reſponſable.

C D X L I.

IL ſera défendu aux Dragons de mettre l'épée à la main *Mettre l'épée* dans le camp & aux environs. *à la main.*

C D X L I I.

ILS ne pourront tirer ni avoir aucunes balles, plomb *Balles* à giboyer ou moules pour en couler. *& Plomb.*

C D X L I I I.

EN arrivant au camp, les Officiers feront, en préſence des Commandans des corps, une viſite exacte des armes & équipages des Dragons de leur compagnie, feront décharger les armes avec un tire-bourre, ou ſi cela ne ſe peut, les feront tirer devant eux, en prenant toutes les précautions néceſſaires pour qu'il n'en arrive pas d'accidens, & ils prendront toutes les balles & autres plombs que les Dragons pourront avoir.

C D X L I V.

LORSQU'IL sera nécessaire de faire décharger les armes, on y procédera de la même manière en présence d'un Officier, entre neuf & dix heures du matin.

C D X L V.

A la séparation du camp, les Officiers rendront aux Dragons les balles qu'ils leur auront ôtées.

C D X L V I.

LORSQU'ON assemblera les gardes ordinaires & autres détachemens, il sera donné trois balles à chaque Dragon commandé pour lesdites gardes & détachemens par le Maréchal-des-logis de leur compagnie, qui aura attention de se faire rendre ces balles au retour des gardes & détachemens.

C D X L V I I.

Uniforme des Dragons.

IL sera défendu à tous Dragons de se travestir ni porter d'autres habits que les uniformes des régimens dont ils seront, même de retourner leur justaucorps, sous quelque prétexte que ce puisse être, ni de prêter leurs habits uniformes à des Dragons d'autres régimens, ni à des Cavaliers ou Soldats.

C D X L V I I I.

Jeux.

LES Commandans des corps tiendront la main à ce qu'il ne soit établi dans le camp, ni aux environs, aucun jeu de hasard, sous quelque nom qu'il puisse être déguisé, & feront mettre en prison, tant ceux qui auront donné à jouer, que les Officiers qui auront joué.

C D X L I X.

LES Officiers & Maréchaux-des-logis de piquet, visiteront de temps en temps les lieux où les Dragons pourroient tenir des jeux, dans le voisinage du camp, & ils enverront des patrouilles pour arrêter ceux qui se trouveront en contravention.

C D L.

Cris défendus.

LE terme d'*alerte* sera interdit pour faire prendre les

armes, & les Officiers & Maréchaux-des-logis tiendront la main à ce que l'on se serve de celui d'appeller *aux armes*.

C D L I.

LORSQUE les Majors des régimens enverront quelque Dragon ou valet au Prevôt, ils marqueront sur un billet le sujet pour lequel ils y seront envoyés. *Envoi au Prevôt.*

C D L I I.

AUCUN Officier ne pourra engager un deserteur venant du pays étranger, qu'après qu'il en aura obtenu la permission du Commandant du camp; il ne pourra aussi acheter les armes & les chevaux des deserteurs sans la permission du Commandant des Dragons. *Déserteurs étrangers.*

C D L I I I.

LES chevaux qui seront trouvés sans maîtres & sans conducteurs dans le camp ou aux environs, seront conduits chez le Prevôt, qui les rendra à qui ils appartiendront. *Chevaux perdus.*

C D L I V.

ON restituera de même, sans rien payer, ceux qui ayant été volés ou perdus seront réclamés par leurs maîtres, quand même ils auroient été vendus par ceux qui les auroient trouvés ou volés; devant être défendu à qui que ce puisse être, d'acheter des chevaux que d'une personne connue.

C D L V.

LES Tambours ne battront que pour les choses ordonnées & pour leurs écoles, qui ne commenceront jamais par la générale, & se tiendront ordinairement aux heures des repas. *Batterie des Tambours.*

C D L V I.

LES Majors des régimens rendront compte exactement au Commandant de leurs corps & à celui des Dragons, de tout ce qui s'y passera de contraire à la discipline, & des punitions qui auront été ordonnées; & les Commandans des régimens en rendront compte pareillement au Commandant des Dragons, qui de son côté informera le Commandant du camp de tout ce qui méritera attention. *Compte à rendre.*

C D L V I I.

LES Commandans des Corps feront refponfables des contraventions qui s'y commettront fur le fait de la difcipline, & les Capitaines le feront pareillement envers eux de celles de leurs compagnies.

FAIT à Verfailles le dix-fept juin mil fept cent cinquante-fix. *Signé* M. P. DE VOYER D'ARGENSON.